メル人民元、網易厳選百度C2M阿里
団5G字節跳動小米テ　イックトック滴
信息技術網易ABCD5G京東DiD
勝ブロックチェーン改革・開放クラウド提
商城…識平柳青グランドデザイン
民元…厳選百度C2M阿里巴巴、
G字…動小米テ　イックトック滴滴出
術網…ABCD5G京東DiD碧桂
ック…改革・開放クラウド楊国強
識平柳青グランドデザイン中国製造
厳選百度C2M阿里巴巴ビッグデータ

WEILIN ZHAO
趙瑋琳
株式会社伊藤忠総研 主任研究員

チャイナテック
CHINATECH
中国デジタル革命の衝撃

東洋経済新報社

はじめに

2018年春、中国国営テレビ中央電視台が製作したドキュメンタリー『素晴らしい中国』が放送されました。全6回の番組です。インフラの整備やイノベーション、環境改善、生活水準の向上など、習近平政権が2012年の政権発足以来掲げる「中華民族の偉大な復興」に向けた取り組みの成果を示し、中国経済社会の発展をアピールする番組でした。このドキュメンタリーは大きな反響を呼び、中国の発展と邁進を誇りに思う人々の愛国心を高揚させるきっかけとなりました。

1978年の「改革・開放」の重要政策がスタートしたのを機に、現代中国の経済・社会は大きく変貌しました。そして、21世紀に入ると、豊かな国土と膨大で有能な労働力を力として驚異的な経済成長を遂げました。「世界の工場」と呼ばれた中国は、2010年にはついにGDPで世界第2位の経済規模となり、世界経済に大きな影響を与える国になりました。経済成長に伴い、中国人の生活水準が大幅に向上しており、鉄道インフラの整備による移動圏・生活圏の拡大をはじめ、衛生環境の改善や寿命の延長、娯楽の充実などGDPでは捉えきれない豊かさも実現されています。

しかし、成長を支えてきた大量投資と輸出主導の経済発展モデルは行き詰まり、経済成長の勢いには陰りがさしています。その状況から脱却するため、中国はイノベーションによる発展を目指し、戦略の転換を打ち出しています。デジタルエコノミーの勃興を経済成長の新たなエンジンと位置づけ、デジタル技術の開発と社会実装により「質の成長」を実現する、新しい未来像を描こうとしているのです。その発展の原動力は本書が主題とする「チャイナテック」、即ち中国のテック企業です。

中国企業のデジタル技術開発の成果は目覚ましく、数年前までGAFAに代表される米国発のグローバル企業に独占されていたデジタル基盤は、米国一極から米中二極へと移行しつつあります。他方で、中国ではデジタル技術の社会実装が驚くほど進んでいます。さまざまなデジタルサービスの進歩によって、多くの中国人はスマートフォンさえあれば、日々の暮らしにおいて、時間や距離に縛られない自由な生活を享受できるようになっています。

2020年に世界を震撼させ、人々の日常を劇的に変化させた新型コロナウイルス感染症の拡大防止策により、その一端は世界に知られることになりました。詳述は本文に譲りますが、マスクを着用したままで通行者の体温を測定し、感染の可能性のある人の身元を顔認証技術で特定するAI技術サービスに驚いた読者の方も多かったと思います。こうしたデジタル技術がコロナの感染拡大防止に重要な役割を果たしたことは間違いありません。

本書は、デジタル技術基盤の開発や社会実装を担うチャイナテックの実相に迫ります。第1章ではチャイナテックを正しく理解していただくため、デジタルエコノミーの急進展とチャイナテックの実力、さらには、中国でテック企業が育った背景を報告します。続く第2章ではニューリテールやスマート製造、人工知能（AI）、ブロックチェーン、デジタル人民元、5Gなどに代表される最先端技術の分野を取り上げ、中国で進む「デジタル革命」の実態を掘り下げていきます。第3章ではその原動力となっているアリババやファーウェイなど巨大テック企業や新進ベンチャー企業の実像を紹介し、第4章では、プラットフォーマーによる市場の独占やプライバシーをめぐる世論の分断、監視社会の出現など、チャイナテックの進展が社会に影を落としている部分を指摘します。そして第5章では、中国のテック企業の日本進出と日中の企業連携の実情を報告しつつ、新時代を迎えた日中の経済連携のあり方を議論します。

言うまでもなく、世界規模で急速に進展する経済のデジタル化はすでに私たちの行動や生活、社会経済に大きな変化を与えています。デジタル技術のさらなる進展により、その変化は今後、より一層大きくなることと考えられます。

本書はそうした変化の源となる可能性が高い、チャイナテックの実像を正しく理解していただくことを目的に執筆しました。手放しの賞賛や感情的な批判を棄て、中国を客観的に見ることは極めて重要だと思うからです。デジタル技術の社会実装で世界の先頭を走る中国の姿は、今後の日本社会の変化を予想する上でもとても参考になるはずです。

本書が刻一刻とダイナミックに変化する中国の姿を的確に捉えるヒントとなり、チャイナテックを理解する一助になることを願っています。

第2章　世界経済を塗り替える中国デジタル革命の実像

第3章 テックジャイアントBATHと次世代プラットフォーマーTMDP

第5章 中国企業の国外進出と日中新時代

第1章

「チャイナテック」を正しく理解する

１９９０年代以降、急速な経済成長を遂げ、世界第2位の経済大国となった中国は、近年、経済成長の伸び率を鈍化させており、その傾向は今後も続くと予想されています。

けれども、経済成長が停滞の兆しを見せる中で、「チャイナテック」の躍進は脚光を浴びています。例えば、次世代移動通信システム５Ｇの通信網構築で先行した中国が、デジタルテクノロジー分野での主導権争いで米国と火花を散らしていることを、ご存知の読者は多いと思います。

新型コロナウイルスとの闘いでも、チャイナテックは世界を驚かせました。さまざまなオンラインサービスをはじめ、上空から市民たちに外出しないよう呼びかけるドローン、５Ｇ通信網を活用した遠隔医療、医療機関や隔離用ホテルに医療物資や食事などを運ぶ無人自動運転車とロボット、顔認証によりマスクを着用した通行者の身元の特定と検温を同時に行うＡＩサービス、支援物資の配布を追跡するブロックチェーンプラットフォーム、人々の健康状況を表すＱＲコードなどのデジタル技術が、感染の拡大防止に一役買ったのは間違いありません。

このように、かつては、驚異的な経済成長を果たしながらも、技術後進国と見做されていた中国は、今、生まれ変わり始めています。チャイナテックと呼ばれる最先端の技術力によって、世界の技術と経済をリードしつつあるのです。

1.デジタルエコノミーの急進展

トップランナー中国

ご存知の通り、世界規模で急速に進展する経済のデジタル化は、私たちの行動や生活様式、社会経済に大きな変化を与えています。経済のデジタル化は、例えば、アマゾン（Amazon）の登場が街の書店に大きな打撃となったように、既存ビジネスの破壊を招く一方で、「ウーバー（Uber）」や「エアビーアンドビー（Airbnb）」に代表されるように、既存のモノやサービスに新たな価値を与え、経済拡大のエンジンとなる潜在力を秘めているため、世界各国はデジタルエコノミーの進展に鎬を削っています。

そして、デジタルエコノミー進展のトップランナーは間違いなく中国であり、その象徴はチャイナテックです。スマートフォンのアプリを利用してタクシーかライドシェアの車に乗って通勤し、昼休みにはスマホを使ってデリバリーサービスでランチをすませ、仕事帰りにはスマホでオンライン・ショッピングを楽しむ――。そのような光景が中国の都市部では日常の姿となっています。百貨店やスーパーマーケットなどの大型店舗だけでなく、小さな小売店や露店に至るまで、ありとあらゆる商店でスマートフォン決済が利用できます。今や、中国の都市生活にスマートフォンは必需品で、それなしでは生活が成り立ちません。「財布を無くすより、スマホを失くす方が深刻」といわれるほどです。

このように、スマートフォン決済による急速なキャッシュレス化は、中国のデジタルエコノミーの進展を加速させています。

デジタルエコノミーは新しい概念ですから、今の段階では、統一された定義や計測法はありませんが、一般には、進展著しい情報通信技術（ＩＣＴ）などのデジタルテクノロジーやデータの活用を中心とする経済活動だと理解されています。中国の政府活動報告には、２０１７年に初めて「デジタルエコノミー」という用語が登場して以来、毎回、この用語が使われています。

政府系シンクタンクの中国情報通信研究院の試算によれば、中国のデジタルエコノミー規模は、２００２年の約19兆円から２０１８年に５００兆円超にまで増加し、その後も拡大し続けています。さらに、ＧＤＰに占めるデジタルエコノミーの割合は、２０１８年の３割弱から２０３０年には８割に達すると予測されています。

「ネズミを捕るのがいい猫」――近現代中国経済史を振り返る

デジタルエコノミーの進展に象徴されるチャイナテック躍進の背景には、1990年代からの経済的躍進を支えた政府主導の大量投資と国内の大量かつ安価な労働力による輸出主導の経済発展モデルから脱却し、技術大国として世界をリードし、経済大国としての国際的地位を維持しようとする中国の国家的意志があることは明白です。

その実相を見る前に、なぜ、そのような国家的意志が形成されたのかを理解するため、中華人民共和国成立後の中国の現代史を、経済史の視点から簡略に振り返っておきたいと思います。

1970年代までの中国は、人民公社の建設を中核とする計画経済政策を推し進めていましたが、指導部の思惑通りには経済は成長せず、経済活動は停滞していました。しかし、1978年に実権を掌握した鄧小平の登場で、中国の経済政策は大転換を遂げ、経済は活性化します。「改革・開放」の幕開けです。

その総設計師と称される鄧小平は「改革・開放」を「中国の第二次革命」と位置づけ、共産党一党独裁の政治体制を維持しつつ、経済政策では計画経済から社会主義市場経済への移行に踏み出しました。「黒い猫だろうが白い猫だろうが、ネズミを捕るのがいい猫だ」

という語録は非常に有名ですが、鄧小平はこの発言で、冷戦の終焉前に社会主義か資本主義かというイデオロギー論争に終止符を打ち、中国は経済発展を最優先するという姿勢を内外に示したのです。

●発展至上主義

「改革・開放」は中国にとって実利的な経済政策でした。世界に対しさまざまな分野を開放するのと引き換えに、外資と世界の技術を取り入れることで経済発展を軌道に乗せようとしたのです。そこには「発展才是硬道理（発展こそ根本的道理だ）」という信念が貫かれていました。いわゆる発展至上主義です。

それは鄧小平の政治哲学であり、同時に、中国国民への呼びかけでもありました。力を結集して豊かな社会を実現しようという、この呼びかけに応えた人々のパワーが中国の経済成長を支えた原動力であったことは間違いありません。

鄧小平は沿岸部の深圳や厦門などに経済特区を設け、資源や優遇政策を集中投入して改革の実験を行うと同時に、開放政策で外資の誘致を積極的に推し進め経済発展を軌道に乗せました。

●ニューノーマル

1989年の天安門事件後の引き締め政策により経済発展は一時期停滞しましたが、1992年に鄧小平が再び「改革・開放」の加速を強く訴えたのを機に、中国経済は驚異的な高度成長期を迎えます。中国は「世界の工場」と呼ばれるようになり、2001年には世界貿易機関（WTO）にも加盟しました。社会主義国家でありながら、貿易では資本主義諸国の自由貿易のルールに従うという意思を表明したのです。

今世紀に入っても発展の勢いは止まらず、2010年には米国に次ぐ世界第2位の経済規模にまで上り詰めました。日本が1990年代前半のバブル経済の崩壊を機に長期の停滞に陥り、経済大国の座から滑り落ちたのとは対照的です。2000年には僅か960ドルにすぎなかった中国の国民一人当たりのGDPは2019年には10倍以上の10000ドル超に達し、多くの人々がより広い住居に住み、自家用車を所有できるようになるなど、経済発展の果実を享受するようになりました。そして、国民所得の増加に伴い、世界第1位の14億の人口を擁する中国は「世界の市場」としても、グローバル経済の中でその重要性を増していきました。

しかし、2012年以降、中国の経済発展は翳りを見せ始めます。経済成長は年平均10%超という超高度成長期を終え、年平均7%前後で推移する中高速成長期という新たな段階に入りました。その状態は「ニューノーマル（新常態）」と呼ばれています。それは、大量投資と大量の安価の労働力を背景とした輸出主導の経済発展モデルが限界を迎えたということを意味します。

その現状を打破し、経済成長を続けるための新たなエンジンとして中国政府が注力するのが先進技術、つまり「チャイナテック」です。中国は、先進技術をエンジンとして経済成長を継続させ、経済大国としての地位を盤石にしようとしているのです。

イノベーション大国へ——中国の経済発展戦略

膨大な数の安価な労働力を背景に「世界の工場」となり驚異的な経済成長を遂げていた最中、中国は将来を見据えて、先進技術の開発やイノベーションをエンジンとする新たな経済成長策の布石を打っていました。２００６年に北京で開かれた全国科学技術イノベーション大会では、イノベーション国家を実現するため、①研究・開発費をＧＤＰ比２・５％以上②特許の登録件数や学術論文の被引用回数は世界5位以内③経済成長に対する技術進歩の寄与率60％以上——とする三つの数値目標を示していました。

中国政府は２０１５年秋に公表した「第13次5カ年計画（２０１６年-２０２０年）」で、

「創新（イノベーション）」「協調」「緑色（エコロジー）」「開放」「共享（シェア）」の五つの新たな発展方針を示し、その第一にイノベーションを掲げ、イノベーションにより経済発展を目指す方針を明確にしました。

２００６年に数値目標を打ち出した「研究・開発費」「特許登録数・被引用学術論文数」「技術進歩寄与率」はいずれもその国の科学技術力を示す一般的な指標であり、それぞれは相関しています。研究・開発費が多いほど、特許登録件数や学術論文の数は増え、質の高い研究・開発や特許は経済成長に寄与します。

数値目標は堅実に達成に向かっています。中国国家統計局が公表した２０１９年のデータによると、研究・開発費のＧＤＰ比は１９９５年の０・57％から２・19％に上昇しました。２０１８年の日本の３・28％には及びませんが、同年のＯＥＣＤ諸国平均２・38％に迫っています。

特許登録件数では目標をすでに達成しています。世界知的所有権機関（ＷＩＰＯ）によると、２０１８年の中国のＰＣＴ国際出願件数は25万超で過去最高を記録し、国別出願件数は世界第2位、占有率は21・１％で1位の米国（23・１％）に肉薄しています。中国の国内特許取得件数ではすでに世界第1位の座を占めています。

特に、先端分野での躍進が目覚ましく、日本経済新聞社と知財データベースの運営会社

「アスタミューゼ」の調査分析によると、先端分野に分類される「人工知能（ＡＩ）」「量子コンピュータ」「再生医療」「自動運転技術」「ブロックチェーン」「サイバーセキュリティ」「仮想現実（ＶＲ）」「ドローン」「リチウムイオン電池」「伝導性高分子」の10の先端分野の特許出願件数で、２０１７年に中国は量子コンピュータを除く9分野で首位に浮上しました。言うまでもなく、その原動力となっているのはメガテック企業やハイテク新興企業、つまりチャイナテックの屋台骨です。

国際科学論文被引用回数も米国に次ぐ世界第2位となり目標を達成しました。文部科学省科学技術・学術政策研究所の分析によると、被引用回数の多い「Ｔｏｐ10％補正論文数」で、中国は１９９４‐１９９６年期の17位から、２００４‐２００６年期には6位に浮上し、２０１４‐２０１６年期には英国、ドイツ、フランス、日本を抜き世界第2位に躍り出ました。因みに、この間、日本は4位から5位、11位へと滑り落ちています。２００８年には48・８％だった経済成長に対する技術進歩寄与率も２０１９年に59・５％となり目標達成目前です。このように、２００６年に打ち出されたイノベーションの数値目標は、２０２０年中にはすべて達成される可能性が高いと思われます。

今後の課題は、ノーベル賞受賞につながるような基礎研究部門の躍進です。ＯＥＣＤの２０１６年のデータでは、研究・開発費総額に占める中国の基礎研究部門の割合は５・２

%にすぎず、主要国でその割合は最も低い部類です。けれども、総額では4074億ドル（OECDデータ）で日本とほぼ同額です。2015年には、一貫して中国国内で研究を続けてきた薬学者の屠呦呦・中国中医科学院名誉研究員が抗マラリア治療薬の発見の功績を評価され、中国人として初めての自然科学部門での受賞となるノーベル生理学・医学賞を受賞しました。研究者がノーベル賞を受賞した年と、授賞理由の研究を行った年には平均で25年ほどのタイムラグがあります。一方、ある年の各国のノーベル賞受賞者のシェア率と25年前の高被引用論文シェア率には有意な相関関係があることが分かっています。そのため、この20年間で被引用論文数を飛躍的に増加させてきた中国で、遠くない将来に、近年の日本のようにノーベル賞受賞者が続出することが予想されます。

グランドデザイン・地域間競争・民間活力――高度成長の秘訣

中国政府は経済政策において、「グランドデザイン」と「地域間競争」「民間活力」を重視し、それによって1990年代以降の高度成長を実現させました。その方針は今も受け継がれ、この三要素（図1-1）がチャイナイノベーション、延いては、チャイナテックの源泉となっています。

図1−1：高度成長の三要素

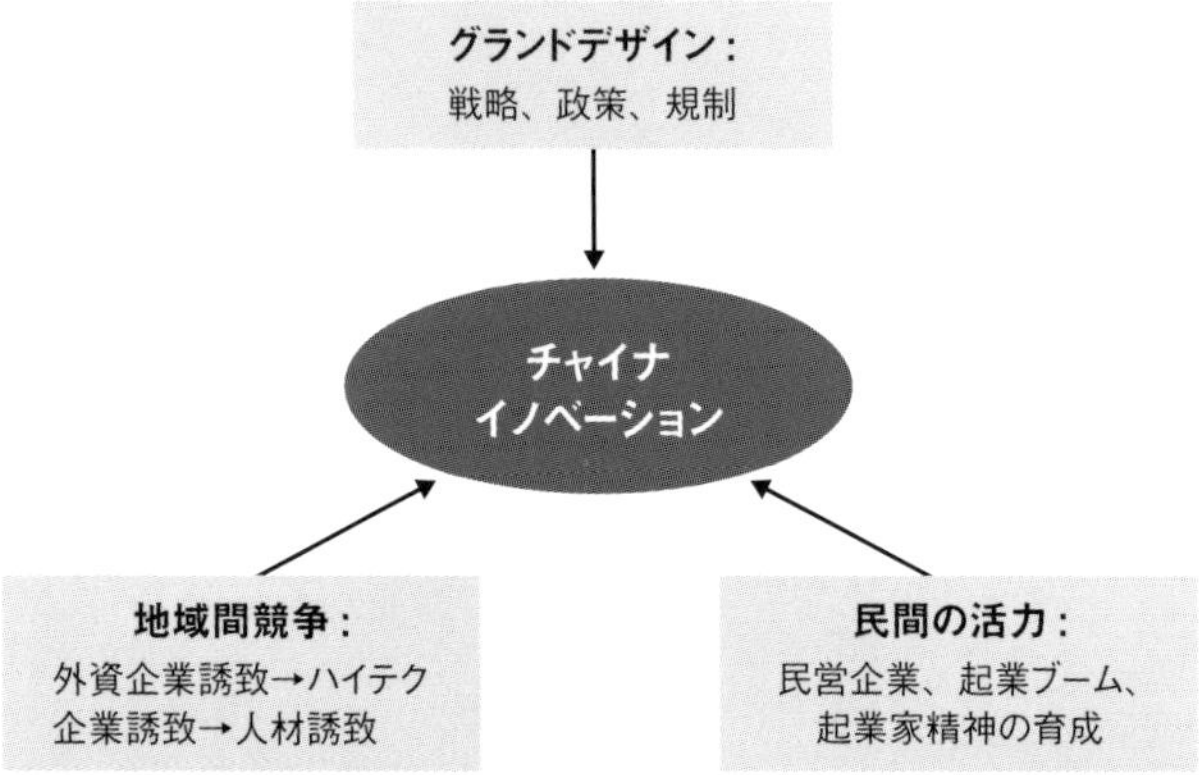

（出所）各種資料を基に著者作成

グランドデザイン（中国語では「頂層設計」）とは、中央政府による長期的な成長戦略と推進政策、規制政策の策定のことです。地方政府は中央政府が示すグランドデザインに従って、経済政策を推進します。

地域間競争も経済発展を実現した重要な要素です。中国では地域間に経済成長の競争メカニズムが導入されています。地域の発展や地域経済の成長が地方政府の幹部を評価する重要な指標となり、地方幹部の中央での出世につながる仕組みです。地方政府が成長至上主義に陥った弊害も指摘されていますが、この競争メカニズムにより、地域間で繰り広げられた競争が、中国の経済成長を牽引してきました。かつては、製造業を中心とする外資企業の誘致合戦が地域間競争の象徴でしたが、イノベーション創出に注力する近年では、ハイテク企業の誘致やハイエンド人材の獲得競争が熾烈です。

そして、最も重視されているのが民間活力の活用です。「改革・開放」を機に個人事業主の存在が認められて、豊かさを求める多くの人が起業の道を選びました。当時、起業は「下海」と呼ばれていました。市場経済という「海」に飛び込むという意味です。勇気を奮って「下海」した人々の奮闘の結果、民営企業セクターは大きく発展し、経済成長に著しく貢献しました。今世紀に入ってもその遺伝子は受け継がれ、先端分野で多くの起業家が生まれています。

２０１８年頃には一時、「民営企業不要論」が取りざたされ、大きな波紋を呼びました。「民営企業はすでに役割を果たしたため、中国の経済システムから徐々に退場していくべきだ」という議論です。しかし、習近平・国家主席は「民営企業は我々の仲間だ」として不要論を一蹴し、論争に終止符を打ちました。その際、習主席は「民営経済には『５・６・７・８・９』の特徴がある」とも述べています。民営経済は税収の50％超、ＧＤＰの60％以上、科学技術の成果の70％以上を占め、さらには都市部の雇用の80％以上を提供し、企業数の90％以上を占める、という意味です。民営企業は中国経済の最も重要な担い手なのです。そして、もちろん、チャイナイノベーションやチャイナテックの担い手も、民営のハイテク企業やＩＣＴ企業なのです。

2. 米国一極から米中二極へ

デジタル分野で急成長する中国企業

近年、デジタル分野において、中国は目覚ましい発展を遂げました。シリコンバレーがその代名詞となっていたように、数年前まで、デジタル分野はＧＡＦＡ（グーグル、アップル、フェイスブック、アマゾンの総称）に代表される米国発のグローバル企業に独占されていました。が、中国のデジタルエコノミー規模の急速な拡大に伴い、世界のデジタル基盤は、従来の米国一極集中から、米中二極化に変化したと指摘できます。国連貿易開発会議が公開したレポート「デジタルエコノミー２０１９」（表１－１）は、データで米中二極化の実態を示しています。

表1－1：米中に集中するデジタルリソース

項目	米中の割合	米国	中国	その他
ブロックチェーン技術関連の特許	75%	25%	50%	25%
IoT（モノのインターネット）への投資額	50%	26%	24%	50%
クラウドコンピューティング市場	＞75%	66%	9%	＜25%
上位70社のプラットフォーマーの時価総額	90%	—	—	10%

（出所）「デジタルエコノミー2019」（国連貿易開発会議）を基に著者作成

ビットコインに代表される仮想通貨で活用されるブロックチェーン技術関連の特許の75％を、生活用品などあらゆるモノに小型デジタルデバイスを搭載し相互をインターネットでつなぐことで情報を共有するIoTへの投資の半分を、クラウドコンピューティング市場規模の75％以上を、プラットフォーマー上位70社の株式時価総額の約9割を、米中が占有しています。しかも、ブロックチェーン技術では全体の50％、IoT投資では24％を中国が占めているのです。

米国一極集中から米中二極化への変動を如実に示しているのが中国企業の成長です。米国の経済誌『フォーチュン（FORTUNE）』が毎年公表する世界企業ランキング「フォーチュン500」の2019年版では、中国企業129社がランキング入りし、米国（121社）を抜き、占有率で初めてトップに躍り出ました。因みにランキング入りした日本企業は52社です。中国企業は2005年の16社から14年間で8倍に増えました。順位やブランド力では米国企業との差は依然として歴然ですが、中国企業は凄まじい勢いで成長しています。

プラットフォーマーの成長

富の源泉が有形資産のモノから無形資産の情報に移りつつあるデジタルエコノミーの時代には、データを占有するプラットフォーマー企業が優位に立ちます。企業の時価総額ランキングの推移はその証左で、企業の栄枯盛衰を如実に語っています。

ここ十数年、世界の企業の時価総額ランキング、特に上位10社の顔触れは大きく変化しました（表1-2）。大手エネルギー企業や中国の国有通信企業などの姿は消え、代わって、米国のGAFAや中国のアリババ（阿里巴巴）、テンセント（騰訊）に代表される大手プラットフォーマーが上位を占めるようになりました。さまざまなサービスを提供するこれらの大手プラットフォーマーは、世界規模で人々の行動や生活スタイル、相互のつながりに新たな変化を及ぼし、社会にとって最も影響力のある企業群に成長しました。

デジタルエコノミーにおいて米中の競争力が突出する実態は、新興の「ユニコーン企

表1-2：世界における企業の時価総額ランキングトップ10の変化

（億ドル）

順位	企業名	2008年の時価総額	企業名	2019年の時価総額
1	エクソンモービル（米）	4,061	サウジアラムコ（サウジアラビア）	16,848
2	ペトロチャイナ（中）	2,414	マイクロソフト（米）	13,590
3	ウォルマート（米）	2,199	アップル（米）	12,855
4	チャイナ・モバイル（中）	2,012	アマゾン・ドット・コム（米）	12,334
5	P&G（米）	1,846	アルファベット（米）	9,193
6	マイクロソフト（米）	1,729	フェイスブック（米）	5,837
7	ゼネラル・エレクトリック（米）	1,702	アリババ・グループ・ホールディング（中）	5,454
8	AT&T（米）	1,680	テンセント・ホールディングス（中）	5,097
9	ジョンソン・エンド・ジョンソン（米）	1,660	バークシャー・ハサウェイ（米）	4,554
10	シェブロン（米）	1,503	ジョンソン・エンド・ジョンソン（米）	3,953

（出所）東洋経済オンライン「企業勢力図に変化、2008年時価総額ランキングは米国勢が躍進……」とStatistaデータを基に著者作成

業」の成長の様相からも知ることができます。ユニコーン企業とは評価額が10億米ドル以上で設立10年以内の未上場の企業のことで、その多くはデジタルエコノミーに関連するテクノロジー企業です。

米国の調査会社CBInsights社が公表するデータによると、2020年6月16日現在で世界には473社のユニコーン企業があり、総評価額は1兆3950億ドルに及んでいます。うち米国発の企業は225社、中国発の企業は124社で、米中が全体の約

74％を占めています。

中国ではＩＣＴなどのハイテク分野で、次々にスタートアップ企業が生まれ、それらがユニコーン企業に、さらには上場企業へと成長し、資金力を得た上場企業がスタートアップのベンチャー企業に投資するという好循環が形成されています。

緩やかな規制と巨大市場――中国企業成長の力の源泉

デジタル分野における中国の台頭に、前世紀末に始まった情報革命以降、常にイノベーションをリードしてきた米国は危機感を強めています。中国の民営通信機器大手のファーウェイ（華為）への制裁はその表れであり、２０１８年以降深刻化する米中貿易摩擦の主戦場はデジタル分野だと言っても過言ではありません。

世界をリードし続けてきた米国が恐れる中国企業の成長力の源泉は、緩やかな規制による中央政府の適切な育成策と巨大な国内市場、そしてその中での激しい競争にあります。

●「先嘗試、後管制」

人々の生活や価値観に大きな影響を及ぼすような新しい技術やサービスが登場した際、

各国の当局はその適切な規制のあり方に頭を悩ませます。厳しい規制は新しい産業の育成の障壁となる一方で、人々に悪影響を及ぼす危険性を排除するためには規制が必要だからです。例えば、近年では、金融サービスにデジタル技術を活用するフィンテックが登場した際、英国はフィンテック推進のため、既存の規制やルールの枠にとらわれずに実証実験を行うことができる「レギュラトリー・サンドボックス（規制の砂場）」制度を提唱しました。日本を含め、この仕組みを導入する国は増えています。

中国当局は、レギュラトリー・サンドボックス制度をフィンテックに留まらず、デジタル分野にまで広げて運用しています。スマートフォンやパソコンを活用するさまざまなインターネットサービスを始めとする新たなデジタル分野の産業育成のため、中央政府は規制ではなく試行（中国語では「尝試」）を基本スタンスとしているのです。李克強首相はその姿勢を「先尝試、後管制」と説明しています。最初から規制したり禁止したりするのではなく、まず実験的に参入を認め、問題が表面化したら規制するという意味です。新しい分野のビジネスに対しては、トライ・アンド・エラーを許容し、緩やかな規制で対応して成長の可能性を高めるのが狙いです。スマートフォン決済やフィンテック、配車アプリ、ライドシェア、民泊など、デジタルサービス分野のビジネスが開花した背景には、緩やかな規制で新ビジネスを後押しする規制当局の政策があったのです。

規制緩和に向けた制度革新も進んでいます。新興ハイテク企業向けに開設された新たな株式市場「科創板」はその典型で、2019年7月に上海証券取引所に開設されました。中国版ナスダックとも呼ばれています。

中国では、企業が株式上場するには、それまで中国証券監督管理委員会による審査を受け、認可される必要がありました。が、科創板では審査と認可を簡素化するため、証券取引所が審査を行う「株式発行登録制度」が上海証券取引所で試験的に導入されました。企業の上場を促すための制度改革です。上場の手続きが簡素化されれば、ユニコーン企業など多くの新興ハイテク企業にとって、資金調達が容易になると期待されています。

2020年4月末現在で、科創板には100社が上場しました。また、同年6月には、中国本土最大の半導体ファウンドリーのSMIC（中芯国際）が史上最短19日の審査で上場を認められています。

●国内市場での熾烈な競争

世界最大の14億人の人口を潜在的な顧客とする、国内での激しい競争も中国企業の成長の源泉です。

確かに、グーグル（Google）の検索サービスやフェイスブック（Facebook）のSNSの利用は、中国では禁止されています。言論を統制するための政治的規制と考えられますが、ライバル企業のサービスの使用禁止は、中国企業の保護となる側面は否めません。それが中国のＩＣＴ企業の成長を後押ししているとして、その効果を過大評価する論者も少なくありませんが、著者は一因にすぎないと評価しています。

中国ＩＣＴ企業の強さの源泉は、外国企業からの保護にではなく、むしろ国内での顧客獲得をめぐる熾烈な競争にあります。中国企業は14億の国内ユーザーの嗜好や慣習にマッチした機能やサービスの提供に鎬を削っているのです。

具体例を挙げます。グーグルは２０１０年に中国市場から撤退しました。中国当局による厳しいネット検索などが撤退の理由とされています。撤退時、グーグルの中国国内でのネット検索市場シェアは30％でした。グーグルの退場で、ネット検索で国内最大手だったバイドゥ（百度）のシェアは6割から9割前後まで上昇しています。

この件では、グーグル撤退でバイドゥのシェアが3割伸びたことばかりが強調されましたが、撤退前のバイドゥのシェアはグーグルの2倍だったことはあまり知られていません。バイドゥは中国国内ではグーグルに圧勝していたのです。

インスタント・メッセンジャーをめぐる「ＭＳＮ」と「ＱＱ」との競争もその一例です。前者はマイクロソフト社が展開するサービスであり、後者は中国ＳＮＳ最大手テンセントのサービスで、中国の国民的SNSアプリ「ウィーチャット（微信）」の前身といえます。「MSN」はグローバルな開発戦略と同調する必要があるため新規サービスの導入に時間を要するのに対し、「QQ」はオフラインメッセージ送信やグループチャットなど中国人ユーザーのニーズにマッチする新機能を、いち早く次々と打ち出しました。結果、「QQ」は「MSN」とのユーザー獲得競争に勝利したのです。

中国企業はアマゾンとの競争にも勝利しています。アマゾンは世界中で電子商取引（EC）サイトを活用した宅配サービスを展開していますが、2019年4月に中国から撤退しました。中国ではEC最大手のアリババを始めとする国内企業のマーケットシェアが高く、圧倒的な優位性を保っていたからです。中国市場でのアマゾンの失敗要因は少なくありませんが、特に販売サイト作りやプロモーションキャンペーンなどで、中国人消費者の嗜好に対する理解が欠けていたことを指摘しておきたいと思います。

このように、デジタル分野を牽引する中国のプレイヤー企業は、中国市場で繰り広げられる激しい競争で鍛えられ、米国に肩を並べる技術力やノウハウを培ってきました。その詳細は第2章、第3章に譲ります。

●技術を育てた巨大市場

巨大市場を舞台にした熾烈な競争に加え、巨大市場そのものの存在も、中国企業成長の大きなアドバンテージとなっています。

2000年代に入り、中国ではデジタルインフラの整備が急速に進みました。中でもインターネットとスマートフォンの普及が顕著です。2020年3月現在、中国のインターネット人口は9億人を超えています。総人口の約6割がインターネットにアクセスできる環境を持ち、その多くはスマートフォンをはじめとするモバイルインターネット利用者です。この膨大なユーザーの数が、中国企業を成長させる肥やしとなったのです。

パソコンやスマートフォンなどのコンピュータ上で利用できるアプリケーションの開発や改良には、ビッグデータが大きな力となります。膨大な数の使用履歴を分析することで、不具合や使いにくさ、よりよいアルゴリズム（コンピュータの計算方法）などを知ることができるからです。

中国では、スマートフォンの普及に伴いさまざまなアプリケーションが開発され、多くの人々が利用することで、中国人の日常生活のデジタル化が一気に進みました。その結果、膨大なデータが蓄積されることでアルゴリズムを進化させ、より利便性が高く競争力のあるアプリケーションの開発が進むという好循環を生みました。

巨大市場の効用は、アプリケーションの開発・改良環境への好影響だけではありません。デジタル分野のサービスで強力な威力を発揮するネットワーク効果もその一つです。デジタル分野に限らず、ネットワークには利用者の数が増えれば増えるほど、利用者とサービス提供者の利便性や利益が高くなるという性格があります。言い換えると、ネットワークの価値は利用者数に依存するということです。それを「ネットワーク効果」、あるいは「ネットワーク外部性」といいます。例えば、電話サービスのネットワークです。サービス網（ネットワーク）のインフラが張り巡らされていたとしても、加入者が一人であれば電話に利便性はまったくありません。一人では誰とも電話ができないからです。けれども、加入者が増えれば増えるほど、電話サービスの利便性は高まります。

デジタル分野ではネットワーク効果が働き易く、9億というユーザーの数は大きな武器となります。中国のＩＣＴ企業は、数億人のユーザーを抱え、中国国内市場を制覇する過程で、世界でビジネスを展開するＧＡＦＡに匹敵するプラットフォーマーを生み出したのです。

近年、中国国内ではネット人口の増加ペースは鈍化し、国内ユーザーは飽和状態を迎えつつあります。中国企業が海外志向を強め、東南アジアや先進諸国市場へと積極的な海外進出を図っているのはそのためです。これについては、第5章に詳述します。

ここまで見てきた通り、デジタル分野で中国が米国に肩を並べるほどの成長を遂げることができた要因には、前世紀末からの高度成長を支えた「グランドデザイン・地域間競争・民間活力」の伝統的成長モデルに加え、緩やかな規制と膨大なユーザー人口、国内市場での熾烈な競争の存在を挙げることができます。

次節では日本と中国の差について考えてみたいと思います。

3．中国と日本の差異

リープフロッグ

米中と比較し、日本がデジタル化の波に乗り遅れていることは以前より多くの識者によって指摘されています。新型コロナウイルス危機を契機に、日本ではオンライン診療の拡充や押印の旧習から電子署名への移行の促進など、新たな動向がみられました。他方で、例えば、給付金の支給にデジタル技術がほとんど活用できないなどデジタルトランスフォーメーション（ＤＸ）の遅れで生じた問題が多く露呈しました。日本のＤＸの遅れに警鐘を鳴らした新型コロナウイルス危機は、日本の経済社会と暮らしのデジタルシフトを加速する好機にもなると、著者は確信しています。

前述の通り、中国ではスマートフォン決済の急速な普及によりキャッシュレス社会が実現し、それがデジタルエコノミーの進展に大きく寄与しました。これほど急速にキャッシュレス社会が実現したのは、リープフロッグが起こったからだと考えられます。

リープフロッグとは、ある技術やサービスに関して未成熟な社会が、最新の技術を取り入れることで、発展過程の段階を飛び越え、一気に最先端に到達する現象をいいます。加入電話の通信網や銀行のＡＴＭサービスが行き届いていなかったアフリカ諸国で、一気にスマートフォンが普及したり、モバイル通信を利用した送金手段が普及したりしたのはその典型例で、クレジットカードの普及が遅れていた中国で、スマートフォン決済が急速に普及しキャッシュレス社会を実現させたのも同じ現象です。

日本でスマートフォン決済の普及が遅れているのは、すでに現金以外の、キャッシュレス決済手段が成熟しているからです。１９８０年代にはすでにクレジットカード決済がかなり普及していました。加えて、前世紀末からさまざまな電子マネーが登場し、現金以外の決済法が普及したため、スマートフォン決済に他の決済手段より高い利便性を感じる人は少なく、それが普及の妨げになっているのです。日本のプラットフォーマー企業が、ポイント加算や割引のインセンティブを付け、スマートフォン決済の普及に躍起になっているのはそのためです。

日本では決済方法に限らずありとあらゆる社会インフラが成熟しているため、最先端のデジタル技術への移行が遅れるという皮肉な現象が起きています。既存の枠組みに不自由を感じるユーザーが少ない日本よりも、社会インフラが未成熟な中国で最先端技術が急速に普及しているのは、リープフロッグ現象なのです。

キャッシュレス社会への急進展に加え、ＡＩ技術の活用で後進国から最先進国に一気にジャンプアップしたゴミ分別収集もその一例です。中国のＩＣＴ企業は、ＡＩの画像認識技術を活用しゴミを自動的に分別するサービスを作り上げました。

中国でゴミの分別収集が始まったのは２０１９年夏のことです。１９７０年代にゴミの分別の取り組みが開始された日本とは顕著な違いです。中国のゴミ分別制度は上海で先行し、現在、全土に広がりつつあります。けれども、著者を含め、学校などでゴミ分別の必要性についての教育を受けていない40代以上の世代には、ゴミの分別に戸惑い適応できない人が少なくありません。ＡＩを活用したゴミの自動分別サービスは、そうした問題を解決するために開発されたのです。

社会的受容の相違

生活を変えてしまうような新しいテクノロジーを積極的に受容するか、それとも忌避するのか、その意識の相違もデジタルシフトで日本が中国に先行されている原因の一つと考えられます。例えばＡＩ技術に対し、日本ではＡＩは人々の仕事を奪うと否定的な受け止め方をする人が多いのに対し、中国ではＡＩを活用した新しい技術を期待するなど、圧倒的に前向きな議論が多いのです。

デジタルシフトに対する日中の社会的受容度の差異の要因の一つは、両国の人口構成の差異にあると考えられます。世界で最も高齢化が進んでいる日本に対し、中国では生まれたときから携帯電話などが身の回りにあったデジタルネイティブの世代の層が厚く、高いデジタルマインドを持つ人が多いのです。そのため、デジタルシフトに対し戸惑いや嫌悪感を持つ人は多くありません。他方、日本ではデジタルシフトへの受容度に世代間で大きな違いがみられ、それが日本でデジタル化が進まない一因となっています。日本社会がデジタルイノベーションを広く受容していくためには、よりポジティブな世論形成と、デジタルマインドの涵養が重要だと思われます。

ベンチャー企業が育つ土壌

一方、本章の前半で議論したデジタル分野の技術開発で日本企業が中国企業の後塵を拝するようになった要因には、起業家気質の差異があると考えられます。

米国バブソン大学やロンドン大学ロンドン・ビジネススクールなどの研究者らが継続的に行っている国際調査「グローバル・アントレプレナーシップ(Global Entrepreneurship)」の2014年版によると、「職業として起業家は良い選択」に賛成した人(18歳から64歳)の割合は、中国の65・7%に対し日本は31%で半数以下です。中国は米国の64・7%よりも高く、起業を積極的に評価する人が多いことが窺えます。

「一兵卒にも天下とりの大志あり」はナポレオンの名言ですが、中国ではこの語録を好み、今は雇われの身でもいずれ起業し社長になりたいと考える人が大勢います。また、失敗に寛容な社会的土壌も豊かです。労働市場の流動性が高く、起業に失敗しても、再就職のチャンスが失われることはありません。そうした社会的土壌に加え、起業を奨励する政府の政策も影響し、中国では近年、起業ブームが起きています。挨拶の言葉は「你好(こんにちは)」から「創業了?(起業したか?)」に変わったといわれるほどです。起業が「下海」と呼ばれていた1990年代から起業DNAは脈々と受け継がれ、起業家マインドは人々の間に定着しているのです。

一方、日本では学生の希望する就職先で公務員の人気が高いなど安定志向が定着し、また、労働市場の流動性は低く、再就職には危険が伴います。そのため、起業を志す人は中国と比較すれば著しく少ないと考えられます。

米国のGAFAや中国のアリババ、テンセントの名前を挙げるまでもなく、これまでデジタル革命をリードしてきたのはベンチャー企業です。ベンチャー企業が数多く生まれた国がデジタル革命に勝利してきました。そのような状況にあって、日本のベンチャー企業は、ユニコーン企業の動向などで見てきた通り、米中の後塵を拝しています。それが、日本のデジタル化の進展に深刻な影響を及ぼしていることは疑いようがありません。

この状況を打開するには、起業教育や人材育成、意識改革、規制緩和など、あらゆる側面から議論を深め、行動を起こすことが求められます。

第2章

世界経済を塗り替える
中国デジタル革命の実像

デジタル・ディスラプターは業界や国境の垣根を超え突然出現し、それまでの市場を破壊し、業界地図を大きく塗り替えてきました。その典型例がGAFAであり、ウーバーやエアビーアンドビーであったことは言うまでもありません。

デジタル技術のさらなる発展に伴い、今後も、多くのデジタル・ディスラプターが現れることは想像に難くありません。そして、中国はその震源地の一つになると予想されます。

中国で進むデジタル革命により、中国の社会経済はどのように進化し、世界にどのような影響を及ぼすのか。本章では中国で進行中のデジタル革命の具体像を見ていきます。

1．デジタルシフトとその方向性

牽引役は「ABCD5G」

前章で見たとおり、中国はデジタルライフの先進国です。人々の消費生活はすでに高度にデジタル化されています。次の目標は、生活消費関連分野のデジタル化を、行政や産業などのセクターへと広げ社会経済全体をデジタルシフトすることで、それが中国のデジタルエコノミーによる成長戦略の基軸です。

中国政府が毎年公表している政府活動報告を読むと、政府が推進するデジタルシフトの方向性を知ることができます。前章に記したとおり最初にデジタルエコノミーの用語が使用されたのは2017年のことでした。以来、毎年、デジタルシフトの方向性を示すキーワードとともにその目標が示されています（表2－1）。

表2－1のエッセンスを「ABCD5G」という略語を使ってまとめてみたいと思います。Aは人工知能（AI）技術、Bはブロックチェーン（Blockchain）、Cはクラウド（Cloud）、Dはビッグデータ（Big Data）で、5Gは文字通り第5世代移動通信システムです。次世

表2-1：政府活動報告に織り込まれたデジタルシフト関連のキーワード

キーワード	2018年	2019年	2020年
デジタルエコノミー	シェアリングエコノミーの発展	ビッグデータやAIなどの応用を深め、デジタルエコノミーの規模を拡大	デジタルエコノミーのアドバンテージ強化
インターネットプラス（インターネットをあらゆる産業と融合）	教育、医療、エンターテイメントなどのオンライン化	新技術、新モデルでさまざまな業界に変革をもたらす	全面推進し、オンラインサービスの充実、「インターネットプラス農業」の強調
プラットフォーム経済	オンラインとオフラインとの融合	プラットフォーム経済の発展促進	プラットフォーム経済の発展で社会的な創造力を喚起
EC・越境EC	新たなオンライン消費の形態を推進	越境EC総合試験区の設立	関連支援政策を打ち出す
産業インターネット	中国製造2025のモデル区を建設	製造業のアップグレード	スマート製造の推進
新基建（ニューインフラ・デジタルインフラ）	/	/	デジタル分野を中心とするインフラ建設、5G商用の拡大

（出所）中国政府活動報告を基に著者作成

代情報テクノロジーを代表するこれらの先端技術が、中国のデジタルシフトを実現し、デジタルエコノミーを発展させる牽引役となります。

中国政府は国家レベルでABCD5Gの推進政策を策定・実施し、関連産業の育成と市場拡大に力を入れています。例えば、中国国務院（日本の内閣府に相当）は2017年7月に「次世代AI発展計画」を策定し、2030年までのロードマップを示しました。また、習近平・国家主席の大号令で「ブロックチェーン大躍進」を推し進めようとしています。5G推進も最重要政策の一つです。

中国はデジタルシフトを、デジタル技術の産業化と各産業分野のデジタル化という両面から推進しようとしています。次節からは、「ABCD5G」のそれぞれをキーワードとして、中国で進むデジタル革命の実像を報告します。

2．ニューリテールの起爆剤C2M

中国で進む小売革命

手ぶらで買い物に出かけ、買いたいものをスマートフォンで注文・決済すると、その日のうちに宅配される——。中国では、今、EC通販の利便性と実店舗での実体験を融合させた「ニューリテール」と呼ばれる小売革命が進んでいます。ECで培ったノウハウを活用して生産、流通、販売のプロセスにイノベーションを起こし、オンラインとオフラインの物流を融合して新しい消費スタイルを提供する試みです。

例えば、実店舗で衣料品を試着しその場でオンライン注文し、夜には商品が自宅に届くといったシステムです。食品スーパーなら、陳列された商品を実際に確認した上で、スマートフォンを使ってオンラインで注文・決済すれば、商品を持ち帰る必要はなく手ぶらで買い物ができます。

２０１６年頃から始まった小売革命ですが、その動きを加速させると注目されているのが、この節で紹介する「Ｃ２Ｍ（Customer to Manufacturer）」と呼ばれる新しいビジネスモデルです。

新しいビジネスモデル「C2M」

近年、米国を中心に「Ｄ２Ｃ（Direct to Consumer）」と呼ばれる新たなビジネスモデルが登場しています。問屋や小売の仲介業者を介さず、事業者が自社ＥＣや直営店舗で商品を消費者に直接販売するビジネスモデルです。マーケティングや顧客管理、流通などにデジタル技術を取り入れ効率化を徹底していること、「モノではなく世界観を売る」というコンセプトでの情報発信が消費者の支持を集めたことが、急成長の理由だと指摘されています。

一方、ニューリテールが進む中国では、ＥＣ最大手のアリババ（阿里巴巴）を始めとするプラットフォーマーやテックベンチャーが新しいビジネスモデル「Ｃ２Ｍ」を構築し、消費者に支持されています。

Ｃ２Ｍとは「消費者（Customer）から製造者（Manufacturer）へ」という言葉が示す通り、消費者ニーズを的確に把握した事業者が仲介役を果たし、消費者と製造業者をつなぐビジネスモデルです。プラットフォーマーである事業者は、ビッグデータなどを基に消費者ニーズを的確に把握して製品を企画したり、色やデザインを選べる準オーダーメイドの商品を消費者から直接受注したりして、完全買い取りの方式で製造業者に発注します。Ｄ２Ｃ同様流通コストを極限まで縮小できるうえ、製造業者の在庫や売れ残りもなくなるため、製造コストを大幅に削減することができます。

Ｄ２Ｃとの顕著な違いは、消費者ニーズを起点として商品を開発するところです。Ｄ２Ｃでは事業者が自社のブランドイメージに基づいて商品開発しますが、Ｃ２Ｍでは商品開発の主役は消費者ニーズです。そこで大きな役割を果たすのがビッグデータなのです。

Ｃ２Ｍはこれまでのバリューチェーンを変化させるビジネスモデルとしても注目されています。従来のバリューチェーンでは流通業者が大きな利益を得ていますが、Ｃ２Ｍでは技術力のある製造業者の努力が正当に評価され適切な利益を得られ、かつ、消費者は質の高い製品を安価で購入できる仕組みとなっているのです。

表2-2に従来のサプライチェーンと比較したC2Mの特徴を記しました。特筆したいのは、「オーダーメイドの実現」です。C2Mでは多くの企業が既製品だけではなく、サイズや色、細かなデザインなど顧客のニーズや好みに柔軟に対応するオーダーメイドの商品提供に取り組んでいます。

C2Mにはもう一つ特徴があります。ニューリテールの手法を取り入れ、C2Mを戦略とする企業の多くがECサイトに加え、実店舗を運営していることです。狙いは二つです。一つ目は、デジタル（仮想空間）と実店舗（現実空間）双方の短所を補い合い、リアルとデジタルを自由に行き来できる場所を作ることで顧客サービスを向上させることです。ECサイトでのオンライン販売は品揃えが豊富ですが、実際に手に取って質感や色を確認したり、洋服なら試着して着心地や自分に似合うかどうかを確かめたりすることはできません。一方、実店舗はオンライン販売の短所は補えますが、品揃えでは到底及びません。C2Mの実店舗では、買い物を体験しながら、店内でECサイトの豊富な品揃えの中からオンライン注文ができる仕組みを取り入れています。

二つ目はアンテナショップとしての役割です。C2M企業の多くは、スマートなライフ

表2-2：C2Mの特徴

	従来	C2M
生産方式	・設計→生産→流通→消費者 ・大量生産	・ニーズに基づく生産、消費者→生産者 ・データエンゲージメントによるスマート製造、オーダーメイドの実現
在庫	・大量在庫 ・在庫リスク	・在庫リスクの低減 ・在庫ゼロ
チャネル	・リアル店舗が中心、EC出店も	・プラットフォーマーが中心、リアル店舗も
商品	・ブランド力が重要	・脱ブランド、PB開発 ・高品質かつ低価格の商品

（出所）各種資料を基に著者作成

スタイルを提案する高品質でシンプルなデザインとリーズナブルな価格の商品群を展開しています。そのため、他社との差別化を図り、自社ブランドの価値を消費者に浸透させる必要があります。アンテナショップ展開の狙いは、消費者に商品との出会いの場を提供することにあるのです。

Ｃ２Ｍの実相を具体例で示す前に、Ｃ２Ｍが中国に登場した背景について説明しておきます。

Ｃ２Ｍには消費者側と生産者側双方に背景があります。消費者サイドの背景は消費者の成熟です。中国では近年、ブランドやデザインなどの見栄えの良さだけでは飽き足らず、機能や品質を重視する消費傾向が顕著になっています。また、消費体験などを重視してサービスや商品を選択するという消費行動もみられるようになりました。そのように、商品やサービスへの要求が高い成熟した中国の消費者にとって、C2Mが提供する商品はとても魅力的です。

生産者側にとってもC2Mは魅力的なビジネスモデルです。かつて「世界の工場」とまで呼ばれた中国には、国外他社のハイブランド製品を製造するOEM(Original Equipment Manufacturer)メーカーが多数存在しますが、外需不振の影響に加え、中国国内の人件費の高騰でベトナムやインド、東欧諸国などの追撃を受けて需要は伸び悩んでいます。そのため、OEMメーカーの多くにとって堅調な需要拡大が見込める国内市場の開拓は急務です。しかし、OEMメーカーですから当然ですが、自社製品はブランド力を欠く上、独自の販売ルートもマーケティング力もないといった課題があります。こうしたメーカーにとってC2Mは願ってもない救世主かもしれないのです。

先駆者の「必要商城」

それでは、具体例を紹介しましょう。中国ではここ数年、C2Mを経営戦略とするテックベンチャーが起業したり、ECプラットフォーマーがC2Mブランドを立ち上げたりするなどの動きが活発です。各社のC2M戦略は、メーカーのオリジナルブランド製品を販売するマーケットプレイス型と、自社ブランドを開発販売するプライベートブランド型に大別できます。

マーケットプレイス型のECサイトの代表格は「必要商城」です。C2Mの先駆者であり、従来のECモデルに対する挑戦者といわれています。創業者の畢勝氏は「中国人は国際ブランドの多くが中国製である事実を知らない」と訴え、消費者と生産者との架け橋となるべく、2015年にビーヤオ（必要）を設立しました。靴を始めとする衣料品や眼鏡などのオーダーメイドに注力し、同社のECサイトには、アルマーニのOEMを手掛けていた製造業者が新たに立ち上げた革製品ブランド「Mutudu」や、サムソナイトのOEMメーカーが立ち上げたスーツケースブランド「GRIFFINLAND」などがラインアップされています。

靴の場合、消費者はサンプルの中から欲しいモデルを選択し、本体や紐のカラーを選び、サイズを入力して発注するという仕組みです。眼鏡の場合は、フレームを選び、色を指定し、レンズの度数を入力して発注します。「必要商城」は期間セールを行わず、常に低価格で販売することで消費者との信頼関係の醸成に成功し、高いリピート率を誇っています。

同社は会社設立から4年間をかけて、国外ブランドのOEM経験が豊富であること、低価格で商品を出荷できることなど50項目超の厳しい条件をクリアする優良企業と提携し、商品ラインアップを充実させていきました。

ＥＣサイトの運営では、一般的なプラットフォーマーのように広告を収入源とするのではなく、売り上げに応じた出品料を収入源としているのが、必要商城の特徴です。運営サイドには商品が売れれば売れるほど利益が上がる、メーカーサイドには出品料が定額でないため、売れなければ出品料を支払う必要はなくリスクが少ない、消費者サイドにはＥＣサイトで広告にストレスを感じずに買い物ができるなどの利点があります。

マーケットプレイス型では、「ＰＤＤ（拼多多）」の取り組みも瞠目です。ＰＤＤは２０１５年に上海で設立された上海尋夢信息技術が運営するＥＣサイトです。ＳＮＳ大手のテンセント（騰訊）と連携したＳＮＳ型ＥＣで、地方に住む低所得層をターゲットに低価格戦略で事業を拡大させ、後発ながら急成長を遂げ、同社は設立僅か3年で米ナスダックへの上場を果たしました。

ＰＤＤの低価格戦略を実現させたのがＣ２Ｍです。自社ブランド製品を持たない中国国内のＯＥＭ企業と連携し、Ｃ２Ｍを実践する「拼工場」サービスを打ち出しました。「拼工場」はＰＤＤが抱えるユーザーのニーズを基に製品の開発・生産を行い、オリジナルブランドとしてＰＤＤのマーケットプレイスで消費者に直接提供しています。

オリジナルブランドの一つである「家衛士」の掃除ロボットは、年間販売台数10万台超の大ヒット商品となりました。国外ブランドと比べても遜色がない品質の掃除ロボットを

288元（約4600円）という低価格で売り出し大成功をおさめました。PDDは「家衛士」の成功を梃子に、2018年から1000の工場を支援する「ニューブランド計画」を打ち出しました。この計画により、中国発のオリジナルブランドが多く生まれてくることが期待されています。PDDのビジネスの全容に関しては、第3章に詳述します。

プライベートブランド型C2M「網易厳選」

プライベートブランド型C2Mの代表格は「網易厳選」で、大手ポータルサイトの運営会社で、ゲーム開発会社でもある「ワンイー（網易＝ネットイース）」が2016年4月に始めたサービスです。

「網易厳選」は「良い生活は高くない」をモットーに、商品選びの時間や手間を省きたい消費者やコストパフォーマンスを重視する消費者をターゲットにして、商品を展開しています。

ポータルサイトの運営によって蓄積されるビッグデータを基に、消費者ニーズを反映して衣料品、雑貨から家電製品まで生活関連用品全般の製品を開発・製造し、OEMメーカーと連携して「網易厳選」というブランドで販売しています。また、2018年末に上海近くの浙江省杭州市で実店舗の1号店を開店したのを皮切りに、上海、広州、深圳、成都、北京などの主要都市で実店舗を展開しています。

ＥＣ最大手のアリババも先行する「網易厳選」に対抗し、２０１７年夏にプライベートブランド「タオバオ心選（淘宝心選）」を立ち上げＣ２Ｍに参入しました。アリババが擁する膨大な消費者データから導かれるニーズを生産者にフィードバックするＣ２Ｍの仕組みを実践しようとしています。「タオバオ心選」ブランドの電動歯ブラシは、消費者ニーズを基に、振動や振動音の軽減とクリーニング効果の維持を両立した製品を開発しヒットしました。

ＥＣ大手のジンドン（京東）も２０１８年に「京東京造」というプライベートブランドを立ち上げました。ジンドンが有する消費者データの活用・分析によって最新の消費トレンドを導き出し、「京東京造」のブランドで製造・販売を行っています。「京東京造」は、全国１０００店舗超の京東の実店舗「京東之家」に売り場を設置しています。「網易厳選」、「タオバオ心選」と同様に、Ｃ２Ｍを活かした仕組みです。

マス・カスタマイゼーションを実現する「酷特智能」

Ｃ２Ｍを実践するためには、受注、生産、流通の各過程のデジタル化が前提条件です。特に、コンピュータを活用した柔軟な製造システムで特注品の製造に対応する、生産工程でのマス・カスタマイゼーションは必須です。

山東省青島市を本拠とするクートゥチュウナン（酷特智能）は、マス・カスタマイゼーションにいち早く取り組み、Ｃ２Ｍを実践してきた先進企業の一つです。２０２０年７月には、深圳証券取引所の創業板に上場を果たしました。

同社の前身は１９９５年創業の大手アパレルメーカーのホンリン（紅領）で、２００７年に社名変更しました。クートゥチュウナンはクールで智能を持つという意味で、社名変更は先端技術導入に取り組む決意の表れといえます。

前身のホンリンはメンズファッションからスタートし、ＯＥＭ向けの受託型生産を主事業としていましたが、縫製工場間の激しい価格競争に晒され、大量在庫のリスクに頭を悩ませていました。その問題を解決するための活路としたのがＣ２Ｍのビジネスモデルです。オーダーメイドに対応するため、工場のデジタル化を推し進めマス・カスタマイゼーションに取り組みました。

例えば、オーダーメイドのスーツは、次のような過程を経て作られます。まず、消費者が、体の19カ所22種類のサイズを測り、希望するデザインや生地などとともに専用アプリに入力すると、入力情報に基づきオーダーメイドスーツのイメージが3Dモデルで表示されます。消費者がイメージを確認し注文を確定すると、その情報は青島の工場に送信されます。工場のコンピュータには、3Dの採寸データと2Dの型紙データの対応関係がデータベース化されており、情報が入力されると自動的に型紙のデータが出来上がります。すべての型紙データはICタグに入力され、それが生地に取りつけられます。そして、工場の職人はタグのデータを基に型紙を作り生地を裁断し縫製するという仕組みです。このようにマス・カスタマイゼーションされた仕組みにより、消費者にとっては低価格で生産者にとっては利益率の高い、オーダーメイドのスーツが注文からわずか1週間で納品できるようになりました。

同社は2016年頃からマス・カスタマイゼーションのノウハウとアルゴリズムを、同業他社や他業種の企業に提供し、中国の製造業界のデジタル化に貢献しています。

スマート製造――ハイアールの進化

Ｃ２Ｍに取り組んでいるのはアパレル業界だけではありません。日本でもお馴染みの大手家電メーカーハイアール（海尔）も、Ｃ２Ｍを取り入れ、家電に〝オーダーメイド〟を導入して業績を伸ばしています。

ハイアールは内陸の山東省青島市に本社を置くグローバル企業です。１９８４年に冷蔵庫工場としてスタートした同社は、２００９年から9年連続で大型白物家電ブランド別販売台数世界一を達成し、２０１８年の売上高は２６６１億元（約４兆２５７６億円）に及びます。２０１２年に経営戦略を刷新し、家電業界では初めてのＣ２Ｍ方式と、製造工場のスマート化に取り組んでいます。

２０１５年には、冷蔵庫の製造にモジュール式オーダーメイドを導入しました。消費者は選択範囲内で、外観の色やデザイン、容量やドアの数、形、冷凍方式、温度調節の方法などを選択し、発注後20日ほどで商品が届くシステムです。スマート冷蔵庫の場合、消費者ニーズを反映し、冷蔵庫には画像認識や音声認識など最先端テクノロジーも凝縮されています。食材の情報を記録しながら、最適な温度、賞味期限および保存方法を提示します。さらに、ユーザーが食材を取り出すと、冷蔵庫がその食材を使う料理のレシピを推薦する機能もついています。

さらに、2015年には「衆創滙プラットフォーム」をリリースし、家電業界では初めて、消費者と生産者がコミュニケーションできるインタフェースを構築しました。オーダーメイドはモジュール式（選択式）から文字通りのオーダーメイドに進化し、ほぼすべての家電で、消費者が望むデザインや性能の製品を注文することができます。「衆創滙プラットフォーム」を利用して、消費者が欲しい製品のデザインや機能のイメージを提案し、ハイアールのデザイナーやエンジニアがそれを実現する、画期的なシステムです。

C2M方式を実践するため、ハイアールはすべての家電製品の製造工程で、標準化、モジュール化、自動化、スマート化の四化を実現しています。ロボットの導入で完全自動化された無人の工場は「24時間無灯スマート工場」として知られ、製品を受注すると、生産ラインのアレンジ、各モジュールへの指令・製造、組み立て、出荷までをすべて自動で行います。生産ラインではほぼ同時に500種類の組み合わせの生産が可能だといいます。

3.「中国製造2025」の挫折と進展

産業の高度化を目指す経済政策

建国100年を迎える2049年までに「世界の製造強国のトップグループ入り」を果たすことを長期戦略とする中国は、2015年に次世代情報技術や新エネルギー自動車開発など重点10分野（表2−3）を設定し、巨額の助成金を投入して産業の高度化を目指す経済政策「中国製造2025」を公表しました。中国の製造業をアップグレードさせ、世界における競争力を高めるための2016年から10年間の行動計画を示したグランドデザインで、長期戦略の第一段階として、25年までに「製造強国の仲間入り」を果たすことを目指しています。表に示した通り、重点10分野には次世代通信規格5Gが含まれ、他に先端的鉄道整備、新素材、バイオ医療・高性能医療機械などがあります。

10分野には合計23品目を指定して、品目ごとに国産比率の目標値を設定しています。例えば、5Gの移動通信システムでは、25年に中国市場で80％、世界市場で40％という高い目標を掲げています。

表2-3：「中国製造2025」の重点分野

次世代ICT産業（半導体、5G）
高性能制御工作機械・ロボット産業
航空・宇宙用設備産業
海洋建設設備・ハイテク船舶産業
先進軌道交通設備産業
省エネ・新エネ自動車産業
電力設備産業
農業用機械設備産業
新素材産業
バイオ医療・高性能医療機械産業

（出所）中国国務院公開資料を基に著者作成

「中国製造2025」には具体的な三つの大きな狙いがあります。一つ目は、製造業のローエンドからハイエンドへの脱皮です。2010年代中葉の中国人観光客の「爆買い」は日本で大きな話題となりましたが、中国政府にも衝撃を与えました。世界の工場と称されながら、ローエンドの中国製品が自国民からさえ支持されていないことを目の当たりにしたからです。品質向上により、中国製品の「低価格・低性能」のイメージを払拭することが「中国製造2025」の狙いの一つです。

二つ目の狙いは、中国が直面する生産年齢人口の減少と人件費の高騰という課題の克服です。この課題を解決するため、中国では工場の無人自動化を進める産業用ロボットの需要が高まっています。国産のロボット産業でその需要に応えることも「中国製造2025」の狙いなのです。同時に、産業のデジタル化の加速も目指しています。そして、三つ目がハイテク・次世代産業の育成です。特に、輸入制限を受け易く供給が安定しない素材やコア部品の国産化を急いでいます。

中国政府は重点10分野に取り組む企業に対して、減税や低利融資といった資金支援に加え、「中国製造2025」に特化した補助金（中国語では「専項資金」）を交付する優遇政策を実施しています。

貿易戦争の標的にされた「中国製造2025」

2018年春に勃発した米中貿易摩擦で、米国政府が真っ先に矛先を向け撤回を求めたのは、「中国製造2025」でした。補助金交付や国産比率の設定は不公正な国内企業の保護政策に他ならず、外国企業が不利益を被るというのが表向きの理由ですが、背景には次世代情報技術をめぐる米中の覇権争いがあると指摘されています。

米中対立が激化するなか、「中国製造2025」は軌道修正を迫られ、逆風に晒されているのは事実です。しかし、中国政府や中国メディアによる表立った宣伝こそ激減はしましたが、製造強国を目指す中国の産業振興の動きが止まるわけではありません。その実態を報告します。

産業のデジタル化で先行する地域と企業

中国政府は、産業の高度化で先行する地域や企業をモデルとして、他地域や企業に波及効果を及ぼすという方法で「中国製造２０２５」の目標を達成しようとしています。先行モデル地域で、製造業のデジタル化を実現するパイロット拠点の一つとなっている広東省仏山市の取り組みを紹介しましょう。

仏山市は、上海を中心とする長江デルタと比肩し中国の製造業を代表する中国大陸南部の珠江デルタに位置します。約９００万人の人口を抱え、セラミックやディスプレー、白物家電メーカーなどの集積地を擁する製造業の町として知られています。２０１９年には域内総生産が初めて１兆元（約16兆円）を突破し、広東省内の深圳市と広州市に次ぐ経済規模に成長しました。

仏山市は近年、「機器換人」（人間の労働力にとってかわる機械の導入）のスローガンの下、ロボットやＡＩ技術の活用などを通じ、製造業のスマート化を積極的に推し進めてきました。その結果、工場の自動化と無人化が進み、既に400超の企業が「機器換人」を実現しています。

例えば、世界の企業を番付するフォーチュン・グローバル500にランクインし、仏山市を代表する大手家電メーカーミデア（美的集団）は、スマート製造に積極的に取り組む企業の一つです。2017年1月には世界トップクラスのドイツのロボットメーカークーカ（KUKA）を買収し、産業用ロボット市場にも攻勢をかけています。

また、大手デベロッパーのビーグイエン（碧桂園＝カントリー・ガーデン）は、2018年にロボット産業に参入しました。本社を置く仏山市順徳区にロボットバレーを建設し、製造工程をスマート化した工場や、セキュリティや空調、室内の電化製品などあらゆるものをネットを通してスマートフォンなどの端末で管理できるスマートホームの建築、無人のロボットレストランなどの運営を手掛けています。ロボットレストランでは接客や調理などすべてのサービスをロボットが提供しています。接客は対話型ロボット、調理もロボットが行い、広東料理を中心に炒め物や丼物からスイーツまで約200種類のメニューを提供しています。

同社は2023年までに800億元（約1兆2800億円）を投資し、世界中から1万人超の人材を集めようとしています。創業者の楊国強氏は「我が社はロボット企業に変身し、近い将来世界最大のロボット企業になる」と豪語しています。

仏山市の他にも、内陸では山東省の青島市などでも製造業のスマート化は進行していま す。前節のＣ２Ｍの項で詳述したクートゥチュウナンやハイアールもその事例です。

仏山市や青島市は製造業スマート化の先進的な事例であり、スマート化が中国全土に広がっているわけではありません。が、先行モデル都市を作って、そのノウハウを他地域に広げていくのが中国流の産業振興の進め方なのです。

4．ＡＩ発展ロードマップ

コロナ対策で示した実力

新型コロナウイルスの感染防止対策でＡＩ技術の活用が拡大したことは前述しましたが、中国のＡＩ技術の実力を知るために、ＡＩ関連企業の先端技術がどのように活用されたのか詳しく報告します。

新型コロナウイルス対策のため、中国工業・情報化部は2020年2月初めに国内のＡＩ関連学会、協会、企業に協力を呼びかけ、多くの企業がこれに応え、次々とＡＩを活用した新技術やサービスを開発しました。

画像認識で世界屈指の技術を誇るセンスタイム（商湯科技）社と、顔認証技術で世界最高の評価を受けたことのあるメグビー（曠視科技）社は、顔認証技術をベースにしたＡＩ検温サービスを新たに開発しました。マスクのままでも顔認証が可能なほど精度が高く、住宅街や商業施設の出入り口、交通機関などで導入され、3メートルの測定距離で、毎秒15人の通行者を検温でき、発熱症状のある人の身元を瞬時に特定できるといいます。検索エンジン大手のバイドゥ（百度）社もＡＩ検温システムを開発し、学校などにスピーディーな体温測定サービスを提供しています。

ＥＣ最大手アリババが2017年に設立した基礎研究組織「達摩院」は、短期間で対話型のＡＩアシスタントロボットの開発に成功しました。浙江省をはじめとする地方政府の新型コロナウイルス対応オンライン・プラットフォームに導入され、利用者の相談や問診に活用されています。また、アリババのクラウド部門は各国の医療研究機関にＡＩアルゴリズムを無償で提供し、ウイルスの解析作業の一助となっています。

感染確認診断にはＡＩ画像診断が活用されています。２０１５年の設立で、ＡＩを活用した早期診断に取り組んできたインファービジョン（推想科技）は、肺のＣＴ画像をＡＩが読み取り、感染の有無を数分で判断できる新機能をＡＩ診断システムに追加しました。感染者の増加に伴い、蓄積された大量の画像データをＡＩが学習したことで診断が可能になりました。２０２０年3月には、遠隔画像診断支援サービスを提供する東京都のドクターネットと、画像診断の品質向上を目的とする共同の取り組みを開始しました。インファービジョンのサービスは今後、日本でも提供されることになります。

また、スマート配送・無人配送ロボットを手がけるＹＯＧＯロボット（本社上海市、２０１５年設立）は、薬品の無人配送を実現する非接触型ＡＩロボットと消毒用ロボットを新たに開発しました。医療現場の人手不足と医療従事者への感染拡大防止に貢献する新しい技術は多くの医療施設に導入され注目を浴びました。

このように、新型コロナウイルスが契機となって、ＡＩの活用範囲と可能性は一気に拡大しました。皮肉なことに、コロナがＡＩの更なる進化のトリガーになったと考えられるのです。

AI大国に躍り出る中国

ＡＩ技術はどこまで進化するのか。経済や産業の競争力、雇用にどのような影響をもたらすのか――。ＡＩをめぐる議論は、世界に期待と不安を高まらせています。そうした中、中国は国を挙げてＡＩ技術の開発に取り組み、すでにＡＩ大国に躍り出ています。

中国政府がＡＩ技術の開発支援に本腰を入れ始めたのは２０１６年のことです。この年、グーグルが開発した「アルファ碁」が韓国の囲碁名人李世石との対局に勝利し、世界を驚かせました。当時、米国のオバマ政権は、すでにＡＩ技術の開発に取り組む姿勢を鮮明にしていました。この出来事を契機に、中国政府はＡＩ関連政策と資金投入を加速させました。

中国ではＡＩは未来の社会経済を牽引する重要なテクノロジーであり、スマート社会の実現に不可欠との認識が高まっています。そのため、ＡＩブームが巻き起こり、さまざまな業界でＡＩ技術の実装が模索されています。

加えて、個人データの収集と活用に関する規制が比較的緩いため、ＡＩの学習に必要な大量のデータが豊富で、ＡＩ技術の精度を向上させるのにとても有利です。これが中国を一気にＡＩ大国に押し上げた主因だと考えられます。

ＡＩ技術は最先端技術の分野としてだけでなく、活発なベンチャー活動の分野としても注目を集めています。大手ＩＣＴ企業だけではなく、国内外の有名大学出身のＡＩ人材が起業したベンチャー企業も次々と参入し、リーディングカンパニーへと成長しています。

ＡＩベンチャーの投資も急増しています。米国CBInsights社の調査報告書によると、２０１７年のＡＩベンチャーへの投資額は70億ドル超で、米国を抜いて中国が世界第１位となりました。

世界一を目指す「次世代ＡＩ発展計画」

中国政府は、資金投入や人材育成、企業支援などによりＡＩの発展を支えるエコシステムの形成に注力しています。

２０１７年夏には早くも「次世代ＡＩ発展計画」を作成し、ＡＩの位置づけを示すグランドデザインと、産業競争力、市場規模、人材育成、関連法律などに関する5年ごとの目標を設定したロードマップを示しました。２０３０年までに中国のＡＩ技術を世界最先端のレベルに引き上げ、ＡＩ関連産業を10兆元（約１６０兆円）超の市場規模に拡大させる計画です（表2‐4）。これにより、ＡＩ分野の研究強化とビジネス化を図り、ＡＩで先行

表2-4：次世代AI発展計画

年	主な目標
2020年	・AIに関する理論とテクノロジーにおける重要な進展 ・AI産業競争力が先進国並みに ・関連産業の規模1兆元 ・高度人材・チームの誘致と育成 ・AI関連法律/論理/規制/政策のフレームワークの確立
2025年	・AIが産業アップグレード、経済モデル転換のエンジンに ・AI産業競争力が一層高く、医療、都市、農業、国防における応用 ・関連産業の規模5兆元 ・AI関連法律/論理/規制/政策の充実、AI安全評価メカニズム
2030年	・中国が世界のAIイノベーションセンターに ・R&Dにおける重要なブレイクスルー ・AI産業競争力がリーディングレベル ・関連産業の規模10兆元 ・AI人材育成の基地 ・AI関連法律/論理/規制/政策の改善

（出所）中国国務院公開資料を基に著者作成

する米国の優位を逆転し、2030年には世界のＡＩイノベーションセンターになることを目指そうとしています。計画に投下する予算は公表されていませんが、政府の財政支援をはじめ、民間からの投資や政府系投資ファンドの資金利用を拡大する方針を明言しています。

「次世代ＡＩ発展計画」を受け、中央政府の各省は具体的な政策や行動計画を示しています。中国工業・情報化部は2017年12月に「次世代ＡＩ産業発展を促進する3年行動計画」を策定し、ＡＩを応用した新製品やサービスの開発、ＡＩと実体経済との融合の強化、人材育成の加速、ベンチャー支援など、2018年から2020年までの詳細なアクションプランを示しました。中国教育部は２０１８年4月に「大学におけるＡＩイノベーション行動計画」を策定し、ＡＩ研究科の新設や定員増、産業界への技術移転、企業との共同人材育成プログラムの実施などの政策を打ち出しました。また、２０１９年8月には中国科学技術部が「ＡＩイノベーション発展パイロットエリアの建設に関するガイドライン」を策定し、２０２３年までに20地域前後のパイロットエリアで政策促進の有効性を検証する方針を示しました。パイロットエリアでＡＩの活用が経済発展に寄与する事例を蓄積し、ＡＩの社会的実装を拡大させる計画です。

動き出した地方政府

前述の通り、中央政府がグランドデザインを示し、それに応じて地方政府が具体的政策を推進するのが中国流の産業振興策です。ＡＩ分野でも中央政府のグランドデザインに呼応して発展計画を策定しています。

北京市は２０１７年12月に「科学技術のイノベーションの加速とＡＩ産業の育成に関する指導意見」を公布し、国内で最もＡＩ関連企業が集積するアドバンテージを活かし、ＡＩ発展のリード役を目指しています。上海市も同時期に「次世代ＡＩ発展を促進する実施意見」を発表しました。

上海市では2018年から毎夏に世界AI大会が開催されています。世界中からAIリーディングカンパニーや専門家が集まり、AIの発展や課題、世界にもたらす影響などを議論し、また世界に向けて発信します。2020年は新型コロナウイルス感染症拡大の影響で初のオンライン大会となりました。物理的な制限がないため、世界中から1億人超の参加者を集めたそうです。上海市が「上海AIラボ」と「AI産業投資ファンド」の新設を公表したり、参加企業によりAIイノベーションセンターが設立されたりするなど、コロナ禍の中でも停滞することなく、例年どおり活発な展開がみられました。

また、EC最大手アリババの本社を擁し、デジタルイノベーションの先進地域として知られる浙江省杭州市は、2017年7月に「AIタウン（杭州人工知能小鎮）」の建設に着手しました。AI関連企業や人材を誘致し、AI産業の集積地を作る計画です。また、産官学連携によるAI研究の推進のためアリババ、浙江省政府、浙江大学が共同出資し「之江実験室」を設立しました。

次世代AIプラットフォーム

次世代ＡＩ発展計画策定直後の２０１７年11月、中国科学技術部は、計画達成の中心的役割を期待して、アリババ、バイドゥなど4社を国家レベルの次世代ＡＩプラットフォームに認定し、それぞれの分野でのリーディングカンパニーのお墨付きを与えました。２０１８年秋には画像認識のセンスタイムも認定されています。

認定は、各社の企業ブランド力を向上させるため、人材誘致や地域進出、国の研究基金申請などの際にメリットがあります。一方、認定企業にはオープンソースの義務が課されるため、同じ分野への進出を目指す企業のハードルが下がり、全体のエコシステムが拡大するという効果もあります。認定されている5企業は次の通りです。

バイドゥ＝自動運転国家ＡＩプラットフォーム
アリババ＝シティブレイン国家ＡＩプラットフォーム
テンセント＝医療イメージング国家ＡＩプラットフォーム
アイフライテック＝スマート音声国家ＡＩプラットフォーム
センスタイム＝画像認識国家ＡＩプラットフォーム

シティブレインとはＡＩで交通や電力など都市のさまざまな機能を管理統制するシステムのことで、自動運転やシティブレイン、医療、音声・画像認識は、いずれも中国が強化に注力するＡＩ技術の応用分野です。

認定された企業のＡＩ戦略を具体的に見てみましょう。バイドゥは検索エンジンの大手で、中国の巨大ＩＣＴ企業の一角ですが、年間売り上げや株式時価総額で、アリババやテンセントに水をあけられています。そのため、成長分野のＡＩに参入し、「All in AI」のスローガンの下、ＡＩ技術の開発への投資や研究を強化しています。世界中から優秀な人材を募って海外研究チームの規模を拡大し、ＡＩ技術のビジネス化、特に自動運転技術に取り組んでいます。

ＥＣ最大手のアリババはプラットフォーマーとして中国人の暮らしに密着するあらゆるサービスを提供しています。本社を置く杭州市政府と協力して、ＡＩで効率的な都市管理を実現する「シティブレイン」プロジェクトを推進してきた実績を持ち、そのノウハウを全国に拡大するとともに、国外への輸出も目指しています。

テンセントはゲームとＳＮＳを主力とする巨大ＩＣＴ企業です。２０１６年にＡＩ研究に専念するＡＩラボを発足させ、対話型ロボットの開発などでＡＩに参入しました。医療分野におけるＡＩ技術活用の実績は目覚ましく、医療画像分析で病気の早期発見と診断補助に取り組むサービス「覓影」を提供しています。ＡＩ画像診断は、データが増えると精度が上がることが知られていますが、国内の医療機関と連携し、これまで1億枚以上の画像を分析し、診断の精度を高めています。

アイフライテック（科大訊飛）は音声認識のリーディングカンパニーで、中国国内の音声認識市場で7割以上のシェアを占めています。社名の科大訊飛が示す通り、世界大学ランキングでトップ１００入りした中国科学技術大学発のベンチャー企業で、同大学出身の優秀な頭脳を集め成長しました。アリババやテンセントほどの知名度はありませんが、２０１７年にマサチューセッツ工科大学が公表したグローバルスマート企業ベスト50では、中国企業トップの5位にランクインし、その実力は世界に認められています。

画像認識で高い技術力を誇るセンスタイムは２０１４年に設立されたばかりの新興ベンチャー企業です。画像認識技術の世界的な競技会「ＩｍａｇｅＮｅｔ」で優勝した実績を持ち、その精度は人間の認識能力より高いといわれています。アリババや大手ファンドからの資金調達により研究開発費は潤沢で、多くの論文を発表し国際的影響力を高めています。２０１６年に日本に進出し、ホンダやソフトバンクなどと共同開発も行っています。

新鋭企業の躍進

中国では大手ＩＣＴ企業だけではなく、前述のセンスタイムを筆頭にスタートアップやユニコーン企業のＡＩ参入も活発で、高い技術力を誇る新興ベンチャーが少なくありません。

２０１１年に北京で設立したメグビー社は、顔認証システムの開発で知られています。同社が開発した顔認証システム「Face＋＋」は97％超の精度を誇り、世界の顔認証評価システム「ＬＦＷ（Labeled Faces in the Wild）」で世界1位の評価を得ています。スマートフォンやオンライン金融サービスの顔認証ログインシステム、オフィスビルや交通機関での本人確認、配車サービスでのドライバー確認などですでに実用化されています。「Face＋＋」はアリババの「アリペイ（支付宝）」にも導入され、顔認証決済サービスを実現しました。スマートフォンを使わず、顔認証だけで買い物ができるシステムです。同社は２０２０年3月に日本に進出し、日本でもサービスの提供を始めています。

２０１6年設立のヘンウジー（寒武紀＝カンブリコン）は、ＡＩチップとプロセッサーの開発で急成長し、２０２０年6月にＡＩチップ企業として初めて科創板への上場を果たしました。デジタル化の加速で、スマートフォンや各種のスマートデバイス、自動運転車など、ＡＩチップを搭載する製品・サービスの市場規模は拡大を続けているため、さらなる成長が期待されています。

5．拡大するキャッシュレス——金融後発国の快進撃

キャッシュレス社会を迎えた中国

第三者オンライン・プラットフォームを活用したデジタル決済が中国のデジタルエコノミー進展の原動力となっていることは、第1章に記述しましたが、本節ではスマートフォン決済が急速に普及した背景やその実相、スマートフォン決済を実現した企業の取り組みを具体的に紹介します。

ハーバード大学のケネス・Ｓ・ロゴフ教授は２０１６年に発行した著書『The Curse of Cash』（邦題『現金の呪い』）で、脱税やマネーロンダリングなどの犯罪防止や現金の発行・

流通等に係るコストの削減を目的に、現金の少ない「less–cash（レスキャッシュ）」社会への移行の必要性を主張しています。同書は、現金の使用を減らせばマイナス金利政策が容易になり、金融政策の幅が広がる可能性も指摘しています。

「World Payments Report 2017」（世界決済レポート）によれば、2015年の世界電子決済取引の成長率は11・2％で、過去10年間で最高を記録しました。今後も非現金決済の取引数は年平均10％前後で増加していくと見込まれています。加えて、新型コロナウイルスのパンデミックは、非接触型決済の普及に拍車をかけています。つまり、キャッシュレス社会への移行は、世界的な潮流となっているのです。

実際に、キャッシュレス決済を積極的に推し進める国は増えています。キャッシュレス先進国の北欧では、スウェーデンやデンマークでデビットカードの普及やスマホアプリの導入を中心に、銀行主導のキャッシュレス化が進んでいます。

アジアではシンガポールや韓国などが政府主導でキャッシュレス決済へのシフトを図り、インドでは2016年に高額紙幣が廃止されました。

現金決済の割合が高く、キャッシュレス化は遅れている日本でも、政府が2027年までにキャッシュレス決済の比率を現在の2割程度から4割程度に引き上げる目標を設定したり、消費税増税を機にプラットフォーム各社がポイント還元でスマートフォン決済の利用拡大を図ったりするなど、キャッシュレスを推進する機運がようやく高まろうとしています。

中国では、2014年頃を機にスマートフォン決済が急拡大し、財布を持たない人が急増していることは前述した通りです。スマートフォン決済は消費の場面にとどまらず、交通や病院などの公共サービス分野も加え、日常生活のあらゆるシーンに広がり、人々のライフスタイルに劇的な変化をもたらしました。

スマートフォン決済はライフスタイルだけでなく、消費行動そのものにも影響を与え、家計消費を促していることも明らかになっています。「アリペイ」と北京大学デジタル金融研究センターなどの共同研究によれば、2018年の家計消費の成長に対するスマートフォン決済の寄与率は約16％で、教育や娯楽などの消費を促し、消費構造の変化を引き起こしていることが分かりました。

中国はキャッシュレス社会の実現により、日常生活の利便性だけでなく、社会全体の効率性の向上を目指しています。中国におけるスマートフォン決済の取引規模は既に世界最大です。キャッシュレス化のさらなる進展が中国社会を大きく変えていくことは間違いありません。

普及の要因

前世紀の中国はキャッシュレス後進国でした。国策によりビザやマスターなど国際的に信用の高いクレジットカードが国内で使用できなかったこと、中国で発行されるクレジットカードの信用評価が不備だったことが原因です。クレジットカードの普及が遅れていた中国でキャッシュレス決済が進展し始めたのは、今世紀に入ってからのことでした。

最初の牽引役となったのは「銀聯（ぎんれん）カード」です。銀聯カードは中国銀行カード聯合の略語で、２００２年に中国国内の銀行が、銀行間決済ネットワーク（銀聯）を整備したのと同時に、共同でデビットカード機能が付いた銀聯カードを発行し、キャッシュレス決済ができるようになりました。銀聯カードは２０１８年までに約70億枚が発行され、国際ブランドとして成長しています。しかし、２０１４年に民間主導のスマートフォン決済の普及が始まると、利便性に優るスマートフォン決済に主役の座をあっという間に奪われてしまいました。

中国でスマートフォン決済が爆発的に普及した要因はいくつか考えられます。第１章に記述した通り、デジタルインフラの整備が急速に進んだこと、リープフロッグ現象が起こったこと、規制当局が緩やかな規制で普及を促したことの他、偽札の横行、比較優位性、使用習慣の育成などの要因があります。

残念なことに、中国では依然として偽札が横行し、２０１４年に没収された偽札は5億元（約80億円）超に及びます。百貨店などでは偽札識別器を導入していますが、コストがかかり導入できない小規模事業者は偽札の被害に悩まされていました。スマートフォン決済なら偽札被害とは無縁ですから、小規模事業者も積極的にスマートフォン決済のシステムを導入したため、利便性が高まりました。

クレジットカードや銀聯カードと比較して、利便性や経済性に優れていたことも爆発的普及の一因です。銀聯カードは送金に手数料がかかりますが、スマートフォン決済では個人間の送金は無料です。また、加盟店手数料は０・６％前後で、クレジットカードより安く設定されています。

アリババやテンセントなどのスマートフォン決済のプレイヤー企業が、もともと簡単で使いやすく設計されたアプリケーションの使用習慣の育成に積極的に取り組んだことも大きな要因です。

中国では、新しいアプリケーションを普及させるため、プレイヤー企業が大規模なプロモーションキャンペーンなどを実施して、ユーザー教育を実施するのが一般的です。スマートフォン決済が普及し始めた２０１４年当時には、タクシーを呼ぶアプリと連携して、スマホ決済アプリをダウンロードし利用したユーザーに奨励金を付与する大規模なプロモーションキャンペーンが行われました。このキャンペーンによって「アリペイ」や「ウィーチャットペイ（微信支付）」をダウンロードし、スマートフォン決済を利用するユーザーが爆発的に増えました。

また、日本のようにプラットフォーマーが林立せず、「アリペイ」と「ウィーチャットペイ」にほぼ独占されていることも普及の一因と考えられます。中国ではスマートフォン決済のブランドが確立され、ユーザーはどのプラットフォーマーを選択するか悩まずに利用することができたのです。

信用問題から生まれた「アリペイ」

ご存知の通り、「アリペイ」はＥＣ大手アリババが、「ウィーチャットペイ」はＳＮＳ大手のテンセントが提供する決済サービスです。両者は決済サービスに留まらず、金融商品や送金サービスなどの付加価値を付けて、ユーザーの獲得と囲い込みに成功しています。

アリババは２００４年にＥＣで利用できる第三者保証機能を持つ決済方法として、「アリペイ」のサービスを開始しました。ＥＣの黎明期だった当時、買い手と売り手の信頼関係が構築できないことが普及の妨げとなっていました。買い手には確実に商品を手にすることができるのか、売り手には確実に代金を支払ってもらえるのかという不安があったのです。

この信用問題を解決するため、アリババは買い手と売り手双方の不安を払拭するオンラインの決済方法を開発しました。それが「アリペイ」です。

仕組みは簡単です。買い手（消費者）は代金を売り手（小売業者）ではなく「アリペイ」に支払い、売り手が商品を発送し買い手が受け取ったことを確認したのち、「アリペイ」が売り手に代金を引き渡すという仕組みです。今日では広く知られ、多くのプラットフォーマーが同様な仕組みを導入していますが、当時としては非常に斬新なアイディアでした。EC取引の決済を保証する「アリペイ」は人気を博してユーザー数を順調に増加させ、2008年には1億人を突破しました。現在では国内外に10億人超のユーザーを抱えています。

ユーザーの増加とともに、アリババはさらなるユーザーの獲得と囲い込みのため、「アリペイ」の付加価値を高める資産運用や保険、クレジットカード機能など、さまざまな金融サービスの提供に打って出ました。

2013年には資産運用サービスの「余額宝」を開始しました。「アリペイ」の入金残高に金利を付けるサービスです。中国国内の銀行の預金金利より高金利であるため、人気を集めました。「余額宝」の資金規模は、2013年の44億元から2018年には1兆6892億元までに急拡大しています。あまりの急成長は、中国政府の規制を招いたほどで、現在では、一日に入金できる金額は2万元以下に引き下げ、年間の資産運用利回りは4％以下となっています。

アリババは2014年に「アリペイ」を運営するアント・フィナンシャル（螞蟻金服、現アント・グループ）を設立し、ネット銀行の「網商銀行」や個人信用評価システムの「ゴマ信用」、クレジットカードのような後払い・分割払い機能を持つ「螞蟻花唄」、保険商品の「螞蟻保険服務」などの金融サービスを相次いで開発し、金融分野への進出を本格化させました。決済から銀行、保険、ファンド、信用評価まで、金融のあらゆる分野の許可証を取得したアント・グループを金融サービスのプラットフォーマーとする金融エコシステムを構築してサービスを提供し、「アリペイ」で獲得したユーザーを囲い込むことが狙いです。

SNSの強みを活かした「ウィーチャットペイ」

「アリペイ」を追い、中国の電子決済サービス市場を二分するほどにまで成長したのが、SNS最大手のテンセントが開発した「ウィーチャットペイ」です。

テンセントは「アリペイ」がリリースされた翌年の2005年に「テンペイ」をリリースしましたが、ECサイトの利用者をユーザーに想定して開発された「アリペイ」のようには、ユーザーが広がりませんでした。

しかし、「ウィーチャット（微信）」の大成功で、挽回の機会が訪れます。「ウィーチャット」は2011年にテンセントがサービスを開始したインスタントメッセンジャーアプリケーションです。メッセンジャーや通話機能のほかに、SNSやオンラインショッピング、チケット予約、タクシー配車、口コミ情報など他のサービスとのリンケージが充実し、さまざまなサービスを包括するプラットフォームとなっているのが特徴で、多くのユーザーの獲得に成功しました。2020年3月末現在で登録ユーザー数は世界12億人超に及びます。

「ウィーチャットペイ」は2013年に、「ウィーチャット」とリンクするサービスの一つに加わった電子決済サービスです。店舗でのQRコード決済、オンライン決済、個人間

表2-5：アリババ（アント・グループ）とテンセントの金融エコシステム

	アリババ（アント・グループ）	テンセント
決済	アリペイ	ウィーチャットペイ
ネット銀行	網商銀行	微衆銀行
財テク	余額宝、螞蟻聚宝	理財通、零銭通
消費者金融・企業融資	螞蟻借唄	微粒貸
信用評価	ゴマ信用	微信支付分
保険	螞蟻保険服務	微保
クレジットカード機能	螞蟻花唄	微信分付

（出所）アリババとテンセントの公開資料を基に著者作成

送金などに利用できます。２０１５年の旧正月に実施したキャンペーン「お年玉大作戦」で一気に知名度を上げることに成功しました。「ウィーチャットペイでお年玉をあげよう」というキャンペーンでした。さらに、テンセントは利便性を高めるため、実店舗での買い物に「ウィーチャットペイ」を利用できる加盟店を急激に増加させ、ユーザーを拡大させました。今日の中国では、大半の小売店で「アリペイ」と「ウィーチャットペイ」の双方が利用できます。

テンセントはアリババに対抗し、金融サービスの提供にも注力しています。電子決済サービスをめぐる両社の攻防は、金融エコシステムのユーザー獲得競争の様相を帯びてきています（表2-5）。

両社は海外進出にも積極的で、「アリペイ」は欧米や東南アジアなどの54カ国・地域、「ウィーチャットペイ」は49カ国・地域への進出を果たしています。

もちろん、海外進出は簡単ではありません。複雑になりすぎるので説明は省きますが、国外進出には当該国の銀行との提携が不可欠です。「アリペイ」は2018年に日本上陸を目指しましたが、日本のどの銀行からも協力が得られず頓挫しました。背景には、日本政府の意向があったといわれています。

そのため、両社の当面の海外進出戦略は、中国人観光客の利用を想定し、国外の小売業者と連携して端末を普及させ市場参入を図ることだと考えられます。日本人ユーザーはほとんどいないのに、観光地や都市の小売店で「アリペイ」や「ウィーチャットペイ」が利用できるのはそのためです。

6. 新時代の通貨「デジタル人民元」

狙いは人民元の国際化

米ハーバード大学ケネディスクール初代院長を務めたグレアム・アリソン教授はかつて、「中国などからみれば、米ドルが唯一の基軸通貨であることは不公平だ。中国がデジタル通貨（デジタル人民元）を発行し、他国との金融決済や原油取引に使われることになれば競争力のある通貨システムになりうる。米ドルよりも信頼できる通貨になる可能性もある」と指摘しました。

世界は中国人民銀行（中央銀行）のデジタル人民元発行構想に注目しています。中国政府の意図は必ずしも明確ではありませんが、考えられることはいくつかあります。

まず、〝真の〟キャッシュレス社会の実現です。「拡大するキャッシュレス——金融後発国の快進撃」の節で記述したとおり、中国ではスマートフォン決済の取引規模が拡大し、市民の日常生活レベルではキャッシュレス社会が実現しています。反対に言うと、キャッシュレス化は日常生活の少額取引に留まっている側面は否めません。真のキャッシュレス社会の実現の切り札となるのが、現金に代替する中央銀行が発行するデジタル通貨で、中国だけでなく、世界各国の中央銀行が発行の是非を含め研究を進めています。

中国人民銀行デジタル通貨研究所前所長の姚前氏は「現金通貨と代替するデジタル人民元の発行に注力している」と明言しています。デジタル人民元が現金通貨にとってかわる存在になれば、決済の利便性はさらに向上し、中国社会のキャッシュレス化はさらなる進展を遂げると考えられます。もちろん、現金の発行や流通、保管コストも大幅に減少します。

次に考えられるのは、デジタル時代の法定通貨のあり方の模索です。現在進行中で急速に進展するデジタル時代には、仮想通貨が出現し、決済サービスは多様化し、フィンテックが進展しています。その結果、現金通貨の発行、流通を基盤とする各国の法定通貨制度は大きな変革を迫られています。各国がデジタル法定通貨の発行を前向きに検討しているのはそのためで、デジタル人民元構想もその一つだといえます。

三つ目は、日本では金融包摂といわれている「普恵金融」の実現です。金融包摂とは、誰にでもどこにでも遍く金融サービスを行き届かせることで、換言すると、地方の過疎地に居住する人や貧困層の人であっても、簡単に金融サービスにアクセスできる環境を整えることをいいます。

周小川・中国人民銀行前総裁は、農村地域などの遠隔地で「普恵金融」を実現させるためには、デジタル人民元とモバイル端末の活用が最も有効な手段だと主張しています。デジタル人民元の発行を契機に、より広い層の人々が伝統的金融機関の金融サービスを適切に利用できるようになると期待してのことです。

四つ目は人民元の国際化です。2019年10月、黄奇帆・元重慶市長は、上海で開催された「バンド金融サミット2019」で講演し、「1970年代から運用されている国際金融ネットワークは、米国が覇権を維持するツールとなっており時代遅れだ」と批判した上で、「デジタル人民元は、既存の通貨のデジタル化ではなく、ブロックチェーン技術に基づいた新しいマネーであり、発行されれば国際的に流通する」との予想を述べました。

中国では、デジタル人民元が発行されれば人民元建ての国際決済が拡大するとの期待が高まっていますが、その道のりは決して平坦ではないと思われます。

オフラインでも使える

中国人民銀行は2014年からデジタル通貨に関する研究をスタートし、2017年にデジタル通貨研究所を設立しました。2019年までに、デジタル通貨研究所と中国人民銀行系列の印刷科学技術研究所、中鈔クレジットカード産業発展会社の三者が97項目の特許出願を申請するなど、デジタル通貨の発行方法やシステム、ブロックチェーン技術、デジタル通貨ICカード、デジタルウォレットなど、広範囲でデジタル通貨に関する研究は進んでいます。

2020年7月現在で明らかになっているデジタル人民元構想からは、大きく三つの特徴を見て取ることができます。

一つ目は、現在の通貨供給スキームと同じで、中国人民銀行が発行し商業銀行が流通させる二層構造であることです。中国では、中国銀行、中国工商銀行、中国農業銀行、中国建設銀行の国有銀行4行を総称して商業銀行と呼びます。二層構造とは即ち、中国人民銀行が商業銀行の準備金と引き換えにデジタル人民元を発行し、商業銀行がそれぞれの顧客の希望に応じて顧客の人民元建ての預金をデジタル人民元と交換することで、デジタル人民元を流通させる仕組みです。

法定デジタル通貨の発行方法には、民間銀行を仲立ちとする二層構造方式の他に、直接型方式もありますが、見送られたようです。直接型方式とは利用者が中国人民銀行に口座を開設し、中国人民銀行が預金者に直接デジタル人民元を発行する（預金の残高をデジタル人民元に交換する）方式です。マネーロンダリング対策や、中国人民銀行が預金者の資金の流れを把握できるメリットがある一方で、ユーザーはデジタル人民元を利用するたびに中国人民銀行のシステムにアクセスする必要があるため、アクセスが殺到するリスクへの危惧から、採用は見送られたのだと思われます。

二つ目の特徴は中心型であることです。ビットコインのような仮想通貨は分散型台帳技術（ブロックチェーン）を用い供給量の上限を定めておきますが、デジタル人民元は中国人民銀行が法定デジタル通貨として、現金通貨と同じように供給量をコントロールできる中心型台帳で発行するとみられています。ブロックチェーン技術の一部を採用し、匿名性と改竄の危険性の排除は担保されています。

三つ目はオフラインでも決済可能であることです。前述のデジタル通貨研究所が開発し特許を取得しているデジタル通貨ICカードによるオフライン決済の技術により、オフラインの状況でもデジタル人民元が使用できるといいます。

つまり、ネットワーク環境がなければ使うことができない「アリペイ」などより、決済ツールとして一歩前進しているのです。

すでに始まっている利用実験

中国ではデジタル人民元の実用化に向けた実験がすでに始まっています。多くのメディアが伝えているとおり、深圳、蘇州、成都、雄安新区の4地域で、ネット新興企業と連携したパイロット実験が行われています。例えば、ライドシェア大手のディディチューシン（滴滴出行）や生活サービス大手のメイトゥアン（美団）などが4地域での決済にデジタル人民元を利用しています。

既述の通り、中国では「アリペイ」と「ウィーチャットペイ」の電子決済サービスが広く普及しています。「アリペイ」や「ウィーチャットペイ」を利用するためには中国国内の銀行口座と紐付ける必要があり、両者は通貨ではありませんが、ユーザーは通貨と同じ感覚で利用し不都合もありません。そのため、消費生活の場面では、「アリペイ」や「ウィーチャットペイ」がデジタル人民元と競合する可能性が高く、デジタル人民元がすでに膨大なユーザーを抱える「アリペイ」と「ウィーチャットペイ」に勝ち抜くのは容易ではありません。

一方で、「アリペイ」や「ウィーチャットペイ」がデジタル人民元の流通に関与し、デジタル人民元の普及の一助となる可能性は高いと思われます。例えば、ユーザーが銀行口座の中に作っている「アリペイ」支払い用に特化した口座（アリペイ口座）の残額を人民元建てからデジタル人民元建てに変更すれば、「アリペイ」での決済はデジタル人民元で行われるようになるからです。

7. ブロックチェーン大躍進

習近平主席の大号令

２０１９年10月、習近平・国家主席は中央政治局が開催したブロックチェーン関連の勉強会で演説し、コアテクノロジーとしてブロックチェーンの重要性と社会実装の必要性を訴え、ブロックチェーンに関する近年の中国指導部の混乱を払拭し、研究開発と社会実装に大号令をかけました。

ブロックチェーンは仮想通貨の信頼性を担保する技術として、一気に知名度を上げた情報管理技術ですが、中国政府は2017年9月に、仮想通貨発行による資金調達（ICO＝イニシャル・コイン・オファリング）を禁止したため、中国指導部には仮想通貨の中核技術であるブロックチェーンについて積極的に発言することが憚られる雰囲気がありました。

一方、本章の冒頭で「ABCD5G」と略称したとおり、ブロックチェーンはAI技術や5Gなどと並び、中国が開発に力を注ぐべき技術分野とされ、実際、2016年に公表された「第13次5カ年国家情報化計画」は、ブロックチェーンを次世代情報技術の主導権を握る重要なテクノロジーと位置づけ、そのイノベーションと応用の必要性を謳っています。後述しますが、実際に企業ベースでは、ブロックチェーン技術の開発と実装はすでに進んでいました。

2019年の習近平・国家主席の演説はこの混乱に終止符を打ち、以降、中国はブロックチェーン技術の開発、応用、実装で大躍進を遂げようとしているのです。

仮想通貨だけではない

ブロックチェーンは仮想通貨の基幹技術として知られていますが、応用範囲は広く、さまざまなシーンで活用できる可能性が大きいため、開発競争が激化しています。

ご存知の方も多いと思いますが、簡単におさらいすると、ブロックチェーンは信頼性の高い情報管理システムで、特徴は「情報が改竄できない」ということにつきます。そのため、仮想通貨だけでなく、例えば、決済や送金、証券取引などの金融業界、サプライチェーンや厳格なトレーサビリティ（追跡可能性）が求められる流通・物流業界、電子カルテや処方箋の管理が必要な医療業界などでも、活用が広がりつつあります。

●ブロックチェーン＋金融

金融はブロックチェーンの活用で、サービスの効率化やコスト低減、信頼性の向上が期待できる分野の一つです。習近平・国家主席の演説でも、ブロックチェーンの活用が銀行のデジタル化、中小企業への融資業務のコスト低減につながると指摘されました。取引記録などのデータの改竄の危険性がないため、取引の高速化や業務の自動化などが実現できるからです。

例えば、テンセントが設立したネット銀行の「微衆銀行」は、顧客企業に残高照合管理用ブロックチェーンソリューションを提供しています。これまでは、残高照合には時間がかかりすぎることや、書類の破損などのリスクがあるといった課題がありましたが、ブロックチェーン技術の導入で、信頼性が担保される上、数秒で照合できるようになり、作業の効率化が図られました。

サプライチェーン・ファイナンスでもブロックチェーンは活用され始めています。サプライチェーン・ファイナンスとは、企業のサプライチェーンの競争力を高めるためにコスト削減や流動性向上などを図る金融サービスのことです。原材料の購入、生産、流通、販売といった企業のサプライチェーンの各過程で、必要な資金を適切かつ迅速に提供します。

2003年に深圳で設立したフィンテック企業シファンジンチューン（四方精創）は、ブロックチェーンを活用したサプライチェーン・ファイナンスのプラットフォームを提供しています。ブロックチェーンで情報管理し、発注元、サプライヤー、工場、銀行間で、発注情報、納品情報、決済情報、契約書などを共有することで、サプライチェーン上の資産の可視化を実現しました。このシステムにより取引の透明性と信頼性は高まり、銀行も情報を共有しているため、企業は銀行から必要な資金を迅速に調達することができるようになりました。

国際送金でもブロックチェーンの活用は始まっています。2018年6月下旬に、「アリペイ香港」とフィリピンのモバイルウォレット「GCash」はブロックチェーン技術を用いて、ユーザー間の国際送金のサービスを開始し、既存の国際送金システムに挑戦状をたたきつけました。

銀行口座を利用した国際送金は、送金完了まで数日かかり為替レート変動のリスクが伴ううえ、手数料も高額でした。しかし、ブロックチェーン技術を用いた国際送金は僅か3秒で送金が完了し、手数料も格安です。香港で働くフィリピン人の出稼ぎ労働者にとって、このような高速かつ安価な送金の仕組みはまさに朗報でした。

●ブロックチェーン＋トレーサビリティ

トレーサビリティは追跡可能性という意味ですが、物流では、物品の流通経路を生産段階から最終消費または破棄段階まで追跡できる状態のことをそう呼びます。偽ブランドや食品の産地偽装などが蔓延する流通業界では、商品の信頼性を担保するために非常に重要です。情報の信頼性と伝達速度が重視されるトレーサビリティでも、データ改竄が不可能なブロックチェーンは有効な技術として注目されています。特に、食の安全や商品の真贋が問題となることの多い中国では活用範囲が大きいと期待されています。

ＥＣ最大手のアリババと第2位のジンドンは、すでにトレーサビリティにブロックチェーン技術を取り入れています。２０１８年11月11日の「独身の日」のＥＣビッグセールで、アリババはブロックチェーン技術を駆使し、自社のＥＣサイトで販売している1億以上の商品をトレーサビリティにしました。偽物が横行しやすいブランド品や宝飾品、化粧品、健康関連商品などの輸入商品や、産地偽装の危険性が高い食品などの取引履歴を消費者が直接確認することができるため、消費者から信頼を得ることができました。

ジンドンは子会社のジンドンデジタル（京東数科）を中心にブロックチェーン事業を展開しています。フィンテック企業のジンドンファイナンス（京東金融）をベースに設立したジンドンデジタルは企業のデジタル化支援を主事業としており、ブロックチェーン事業はその屋台骨の一つです。

ジンドンデジタルは「京東智臻鏈偽造防止トレーサビリティプラットフォーム」というサービスを提供しています。ジンドンで販売されている商品の生産・倉庫・物流・販売・配送のプロセスに、ブロックチェーンによるトレーサビリティを導入し、商品の信頼性を担保するサービスです。2019年2月現在、ECサイトで販売する生鮮食品、農産品、化粧品、酒類、粉ミルク、薬品の他、実店舗で販売する商品まで、商品に掲示されているQRコードをスマートフォンでスキャンすれば、消費者が商品の取引履歴を直接確認することができるようになりました。ジンドンデジタルの調査では、追跡できる商品はできない商品よりリピート購入率が高いといいます。

新型コロナウイルスとの闘いにもブロックチェーンの活用がみられました。2016年に杭州に設立し、ブロックチェーン技術を活用したサービスを提供しているベンチャー企業チュウレンテクノロジー（趣鏈科技）は、武漢への支援物資を追跡するプラットフォームを立ち上げました。支援物資のトレーサビリティを担保できるため、支援提供者は支援物資が送り先に確実に届いていることを簡単に確認することができるようになり、横流しや誤配送などの懸念なしに支援することができるようになりました。

●ブロックチェーン＋ヘルスケア／保険

中国ではオンライン共済保険サービス「相互宝」が高い人気を集めています。アリババ系列のアント・グループが提供するこのサービスでもブロックチェーンが活用され、給付手続きの信頼性を担保すると同時に、簡略化と高速化を実現しています。

オフラインで行われている一般の保険サービスの給付手続きは、さまざまな書類が必要で、複雑かつ時間を要します。不正申請や診断書や医療費支払い証明書の偽造や改竄などの有無の確認に時間がかかるからです。けれども、ブロックチェーン技術を活用し医療機関、行政、共済サービス提供者をオンラインでつなぐ「相互宝」では、書類の偽造や改竄が不可能なため、手続きの簡素化と高速化が実現できるのです。「相互宝」は保険ではなく加入者の共助のシステムですから、不正給付は加入者の不利益に直結しますが、加入者なら誰でもブロックチェーンで管理された書類を閲覧できるので、給付の正当性を確認することもできます。つまり、ブロックチェーンを活用することで、給付プロセスの透明性を担保し、給付手続きの高速化を実現すると同時に、給付金詐欺を防止することもできるようになったのです。

技術の蓄積と特許

中国でのブロックチェーンの活用を支えるのは、その技術です。中国はブロックチェーン技術関連の特許の50％を取得しており、25％で第2位の米国を大きくリードしています。ブロックチェーン大国の原動力はブロックチェーン分野のリーディングカンパニーです。これらの企業はブロックチェーン技術の蓄積と特許に注力し、技術の囲い込みを図っています。

それらの企業は都市部に集中しています。知財メディアの「IPR daily」が公開する「中国都市別ブロックチェーン関連特許ランキング（２０１９年）」はそれを如実に示しています。１位は北京の３２４５件、２位は深圳の２８８６件で、以下、杭州（１５６３件）、上海（８６３件）、広州（５０５件）、成都（３７２件）、南京（２２３件）、武漢（２１５

件）、西安（173件）、済南（163件）と続き、北京、深圳、杭州、上海の4都市で全体の約65％を占めています。

こうしたイノベーション都市を中心に、中国ではブロックチェーンの社会実装が進んでいます。

世界に先駆け社会実装

特許件数で米国を追い抜いた中国では、世界に先駆けてブロックチェーンの社会実装が進んでおり、さらにそれを加速させようとしています。

中国政府は2017年に「情報消費の拡大とアップグレードの促進に関する指導意見」を公表し、地方政府や企業に対し、ブロックチェーンの社会実装を求めました。そして2020年までに、金融や電子伝票、サプライチェーン・トレーサビリティ、モビリティ、著作権・知財管理、ヘルスケア、チャリティー、行政、エンターテイメントなどでの実用化が進められています。

2019年末現在で、ブロックチェーン技術を活用する企業は中国国内で3万3000社を超えています。2018年3月現在では約500社でしたから、ブロックチェーンの社会実装の急展開は一目瞭然です。そのうち、ベンチャー企業が約6割、ネット企業と金融機関が約4割を占めています。これらの企業はブロックチェーン技術を中心に、オープンプラットフォームを開発したり、さまざまな業界に特化したブロックチェーン事業を展開したりしています。このようにして、中国ではブロックチェーンビジネスのエコシステムが形成されつつあります。

拡大するブロックチェーンビジネス

テックジャイアントのテンセントとアリババはビジネス拡張の一環としてブロックチェーン事業に力を入れています。個々の企業が独自に開発するには資金や技術面でハードルの高いブロックチェーン技術を、クラウドベースで安価で容易に提供する事業です。こうしたサービスはＢａａＳ（Blockchain as a Service）と総称され、マイクロソフト（Microsoft）やアマゾン（Amazon）、ＩＢＭなどが先行していましたが、その事業にテンセント、アリババも参入したのです。

テンセントは２０１６年に傘下のネット銀行「微衆銀行」を中心に、20超の金融機関やファーウェイ（華為）などのテック企業メンバーとともに「金融ブロックチェーン深圳コンソーシアム（ＦＩＳＣＯ）」を設立しました。それに先立ち、「微衆銀行」はテック企業2社と共同でオープンソース的なブロックチェーンプラットフォーム「ＢＣＯＳ（Block-chain Open Source)」を開発していました。ＦＩＳＣＯは金融分野でブロックチェーンを広く活用するため、ＢＣＯＳを基盤としてブロックチェーンインフラストラクチャー「ＦＩＳＣＯ　ＢＣＯＳ」を構築し金融機関に提供しています。金融に限らず、著作権の管理や司法サービス、チャリティー、自動車などの業界でも活用する動きが広がりつつあります。

ＦＩＳＣＯはブロックチェーン分野では中国最大規模の「ブロックチェーン応用コンテスト」の開催などを通じて、ＦＩＳＣＯ　ＢＣＯＳの可能性や拡充を模索しています。また、国外市場への進出にも積極的な姿勢を見せています。

「仮想通貨だけではない」の項でも記述したとおり、アリババもブロックチェーン技術の開発と活用に力を注いでいます。トレーサビリティや国際送金の他、同社が開発したブロックチェーン技術はこれまで、電子伝票、電子カルテ、ネット裁判所、チャリティーなどで実用化されています。

２０２０年7月には、アリババ傘下のアント・グループは、ブロックチェーン事業を管轄するアントブロックチェーン（螞蟻区块鏈科技）を設立してブランドを統合し、事業をアップグレードさせました。アントブロックチェーンはよりオープンな戦略路線をとっています。ブロックチェーンパートナー計画のもと、提携先企業や協力企業などパートナー企業に同社のBaaSを無償または安価で提供し、これらの企業とともにブロックチェーン活用の場面を広げ、事業を拡大しようとしているのです。

アントブロックチェーンの強みは何より蓄積してきた特許です。中国特許保護協会が公開する「世界ブロックチェーン領域特許レポート」によると、アリババ（アント・グループを含む）は2020年まで4年連続で世界企業ランキングのトップに輝いています。

テンセントとアリババのBaaSは、それ自体がビジネスであると同時に、他のビジネスを拡大するための手段でもあります。ブロックチェーンビジネスの典型例はブロックチェーンのカスタマイズです。基礎的なブロックチェーンのインフラは無償のオープンソースで提供した上で、個別の業界や企業向けにカスタマイズした具体的なブロックチェーン活用法を有償で提供します。

一方、ブロックチェーンのインフラを安価で、場合によっては無償で提供することで、他のビジネスの拡大につなげる狙いもあります。より多くの企業がBaaSを利用することで、ブロックチェーン活用の場面が拡大し、ブロックチェーン関連ビジネスの市場規模の拡大が期待されるからです。

ブロックチェーンイノベーション都市

ブロックチェーン活用の動きは、２０２０年に入って加速しています。習近平・国家主席の大号令に呼応して地方政府が動き出したのです。すでに、海南省や貴州省など4省と広州市や南京市、北京市など8市がブロックチェーン政策を相次いで打ち出しました。

北京市は「ブロックチェーンイノベーション発展行動計画（２０２０-２０２２年）」を発表し、ブロックチェーンイノベーション都市となり、ブロックチェーン実装の牽引役となることを目指す姿勢を示しました。ブロックチェーンに投資するためのファンドの設立をはじめ、ブロックチェーン企業の集積地建設や、世界中から優秀な人材の受け入れなどの支援策を打ち出しています。

この章の最後にその実相を詳述する、未来都市建設を目指す雄安新区もブロックチェーンの活用を重視しています。新区の計画が宣言された２０１7年から、農民工への給料支払い管理や、ビル建設や植樹の資金管理にまで、ブロックチェーンを活用しています。雄安新区ではあらゆる場面にブロックチェーンが活用されており、新区のインフラの一つと言って過言ではありません。２０２０年3月末にはブロックチェーンラボを設立し、さらに高度で本格的な取り組みも開始しています。

ブロックチェーン関連の政府調達（政府機関の物品購入）の件数と金額も増加していま す。中国政府采購網（調達ネット）の公開情報によると、２０２０年上期の件数と金額は前年同期比で約１・７倍に増加しました。行政のデジタル化を推進する中国は、行政の文書管理にもブロックチェーン技術を積極的に取り入れようとしているのです。

ここまで紹介した事例は、ほんの一部にすぎません。ブロックチェーン技術の活用は、すでに中国の社会経済や人々の生活に影響を与えています。近年の中国の課題の一つは、信用社会の形成です。ブロックチェーンはその一助となると考えられています。

8．5Gビジネス

5G時代の到来

移動通信システムはほぼ10年ごとに進化を遂げてきました。１９８０年代の１Gで携帯電話サービスが開始され、1990年代の2Gでは携帯電話でメールの送受信やインターネットの閲覧ができるようになりました。そして、2000年代の3Gへの移行によりスマートフォンが登場し、2010年代の4Gへの移行でスマートフォンは爆発的に普及しました。

4G時代には多種多様なアプリケーションが登場し、スマートフォン上のビジネスが急成長しました。SNSやゲーム、動画、EC、金融、交通などに利用範囲が広がり、モバイル経済は発展していったのです。

移動通信システムの進化とは、通信速度と容量の進化にほかなりません。5Gの特徴は「超高速・大容量」「超低遅延」「同時多数接続」といわれますが、具体的には通信速度は4Gの約100倍です。交通手段に例えると、電車から一気にジェット機に乗り換えたような進化です。送受信できるデータの容量は1000倍です。4Gでは数分かかっていた2時間の映画のダウンロードが僅か数秒で完了します。

中国の新型コロナウイルス感染症防止対策で紹介した、上空から市民に外出しないよう呼びかけるドローンや、病院や隔離用ホテルで医療物資と食事を運ぶロボット、市中の通行者の検温と顔認証を同時に行うAIサービスなどのデジタル技術を支えるのは5Gの移動通信システムです。5Gの通信環境が普及すれば、AI技術をはじめとするデジタル技術の活用がさらに促され、デジタルシフトが進展していくことは間違いありません。

このため、中国では「4Gは私たちの生活を変えたが、5Gは社会全体を大きく変える」との見方が支配的です。5Gは人々の生活やビジネスだけではなく、社会全体に大きな影響を与える可能性が高いのです。5Gへの移行により、大量のデータ通信を必要とするIoTがさらに発展することで、スマート社会の実現が現実味を帯びてきます。

経済効果も計り知れません。英国の調査会社「IHSマークイット」の試算では、5G移行による世界の経済効果は2035年までに12兆3000億ドルに及ぶといい、日本では総務省が国内で約47兆円の経済効果を見込んでいます。

一方、中国情報通信研究院の『5Gの経済社会インパクト白書』は、2025年までに中国の5G関連産業の市場規模は3・3兆元（約52兆8000億円）に上り世界最大規模に成長し、5Gのユーザーは8億人になると予測しています。さらに2030年に6・3兆元（約100兆8000億円）に達し、5G関連のバリューチェーンで800万超の新たな雇用機会を生み出すと見込まれています。

ファーストムーバーを狙う

世界中で5Gへの期待が高まる中、その覇権争いは熾烈を極めています。ファーストムーバーとなった国や企業が競争優位性を確立できるからです。米中貿易摩擦は深刻の度合いを深めるばかりですが、中でも最も激しいのが5Gの覇権争いです。

ドイツのボン大学が公開した研究論文『5Gの地政学とグローバルレース』は、米中の地政学的競争のため5Gの進展が抑制されていると主張しています。

このように、米中を始めとする大国の国家戦略に5Gの普及は影響を受けています。米国は5Gでリードする中国のファーウェイを締め出し、同盟国を含めた多くの国々にもファーウェイ製品を排除するよう圧力をかけています。

デジタルインフラとして5G投資と整備が加速

中国政府は2015年頃から5G関連の推進政策を相次いで打ち出しています。前述の「中国製造2025」では重点分野とされ、2017年に打ち出した「情報関連消費の拡大・高度化による内需の潜在成長力の向上に関する指導意見」では、5Gに関する研究・

実験・産業推進を加速し、２０２０年に商用化を目指すことを明記しています。さらに２０２０年の政府活動報告では、金融緩和や大規模な財政出動によって５Ｇ投資をバックアップする姿勢を強調しました。

実際、中国政府は２０１９年６月に、チャイナモバイル（中国移動通信）、チャイナユニコム（中国聯通）、チャイナテレコム（中国電信）、チャイナブロードキャストネットワーク（中国広電）の４社に５Ｇ商用ライセンスを付与し、前述の「指導意見」から１年前倒しで商用化が始まりました。４社はいずれも５Ｇへの投資額を増やし、基地局建設に取り組むと発表しています。

中国では２０２０年６月現在で既に約25万の５Ｇ基地局が建設されています。２０２０年の５Ｇ関連投資額は約３０００億元（約４兆８０００億円）に上り、基地局の整備がさらに急ピッチで進んでいます。米国は「５Ｇファースト計画」を策定し、基地局の整備を急いでいますが、１万人当たりの基地局数は中国の約３分の１にとどまっています。また、英国をはじめとする欧州では３Ｇ時代からネットワークの整備が遅れており、５Ｇ基地局の建設が緩慢です。中国はまさに５Ｇ最先進国なのです。

5Gで何が変わるか

5G移動通信システムの普及により、世界はどう変わっていくのか。ちょっと予想してみましょう。

4G時代に日常生活の必需品となったスマートフォンにとって代わり、スマートグラスなどのウェアラブル端末が進化し、スマートフォンがいらない世界に辿り着くかもしれません。自動運転車が公道を走る渋滞のない街や、自宅にいながらVR（仮想現実）旅行やeスポーツ、AR（拡張現実）ショッピングなどが楽しめるさまざまなデジタルサービスをストレスなく享受できる生活も実現するかもしれません。また、地方に住んでも、大都市の医療リソースにアクセスでき、名医による手術が受けられるといったことも夢ではありません。5Gの本格的な商用化が始まれば、これまで映画のワンシーンでしかなかった未来社会が現実となるかもしれないのです。

5Gの可能性を見据えて、通信機器メーカーやキャリア各社、スマートフォンメーカー、ネット企業などは、5G経済圏の構築を目指し、5Gをめぐる新たな需要を掘り起こすビジネスモデルを模索しています。

トップランナーのファーウェイは、幅広い分野で先進的に取り組んでいます。同社が

5G活用でビジネスの種となると有力視するのは、クラウドAR・VR、コネクテッドカー、スマート製造、エネルギー、遠隔医療、ワイヤレスホームエンターテイメント、ドローン、SNS、AIアシスタント、スマートシティの10分野です。

ファーウェイの取り組みに限らず、5G活用が有力視される分野別に、中国企業の先進的な取り組みを紹介します。

まず、エンターテイメント分野です。5Gはゲームや動画、スポーツ観戦のシーンを大きく変化させると期待されています。現在、内陸の成都市では中国初の「5G＋ショート動画産業基地」が建設されており、進出企業はより質の高い動画コンテンツの提供を試みています。

ECサイトでARによる試着サービスを提供しているアリババは、2020年3月下旬にARを活かした世界初のクラウドファッションショーを開催し話題を呼びました。5Gの普及に伴い、このような大規模なオンラインイベントは珍しくなくなります。

次に遠隔医療分野です。ファーウェイは2020年2月に、新型コロナウイルスの震源地である武漢の臨時専門病院に5Gネットワークを設置し、遠隔医療環境を整えました。これにより、武漢にいながら北京や上海のような大都市の病院に勤務する専門医の診療や手術が受けられるようになりました。また、テンセントは5Gスマートフォンを用いて日々の健康状態をモニタリングするスマートヘルスケアのサービスを個人向けに提供しています。このように、メディテックの普及拡大も中国では現実味を帯びてきています。

自動運転は実証実験段階にあります。自動車メーカーだけでなく、アリババ、バイドゥ、テンセントなどのテックジャイアント、ネット企業、ネット配車プラットフォーマーに加え、新興ベンチャー企業までがこぞってこの分野に参入しています。開発は一般公道での実証実験段階まで進んでいますが、実用化には5Gが不可欠です。リアルタイムで交通状況を把握し、どんな状況にも瞬時に対応する必要があるからです。自動運転技術の詳細は第3章に記述します。

スマート・セーフシティの実験も進んでいます。5Gの同時多数接続という特徴を活かし、深圳では警備チームとリアルタイムの同時通話ができるAI警備ロボットが活躍しています。この分野でも5Gが重要なインフラ基盤です。

製造業の工場でも5Gを活用した工場のスマート化が進んでいます。スマートフォンメーカーのシャオミ（小米）は2019年末に北京市郊外に自社の5Gスマート工場を建設しました。スマートフォンの自動生産量は1分間で約60台となり、従来の工場の約1・6倍となったといいます。シャオミのビジネス戦略については第3章で詳しく説明します。

5G活用に関する議論に日本と中国で大きな違いはありません。しかし、実装には大きな違いがあります。中国はすでにデジタルインフラへの投資を強化し、５Ｇの通信環境を急ピッチで整備しています。

前述のとおり、情報通信分野には、他の技術分野と比べてファーストムーバーが優位性を発揮しやすい傾向があります。そのため、中国や欧米諸国、日本、韓国では、すでに６Ｇに関する研究開発が始まっています。５Ｇ、６Ｇをめぐる競争は企業間、国家間で一層激化しているのです。

9. 最先端技術の実験場――未来都市建設を目指す雄安新区

第2章の最後に、さまざまな最先端技術を実装し、未来都市の建設を目指す雄安新区について詳しく紹介します。

２０１７年の春、中国政府は北京市から南南西約１２０キロに位置する河北省の雄県、安新県、容城県にまたがる広大な田園地域に「雄安新区」を設置し、北京の副都心として最先端技術を集積した未来型都市の建設に乗り出しました。中国政府はテクノロジーがもたらす利便性と効率性を重視するデジタル社会の実現を目指しており、雄安新区はその実験特区と位置付けられています。

雄安新区ではすでに、自動運転車が走行し、無人スーパーや顔認証で宿泊手続きができるホテルが営業しているなど、多くの新しい仕組みが導入されています。

雄安新区の設置には、北京市、天津市、河北省を一体とした発展を図る狙いもあります。都市機能が肥大化した北京市は、環境問題や交通渋滞など深刻な問題を抱え、身動きができない状況に陥っています。首都機能の一部を雄安新区に移転し、その問題を解決することが、新区設置のもう一つの狙いなのです。

近年、北京は政治、文化、国際交流、科学技術とイノベーションという4つの分野を中心に都市機能を再整備しようとしています。言い換えると、それ以外の分野は移転するということです。雄安新区の設置を契機に、国有企業や大学、研究機関、総合病院などの移転が進んでいます。

特区や新区は「改革・開放」以降の中国経済の牽引役を果たしてきました。１９８０年代に鄧小平指導部の主導で経済特区に指定された深圳は凄まじい発展を遂げ、北京、上海、広州に次ぐ重要な都市へと変貌しました。１９９０年代には江沢民指導部が上海浦東新区を設置し、上海の発展を牽引しました。深圳は鄧小平氏の、上海は江沢民氏の政治レガシーの一つといえます。そのような視点で見ると、習近平指導部が打ち出した雄安新区の建設には、政治的に重要な意味があることが分かります。

中国政府は雄安新区の重要性を繰り返し訴え、グランドデザインの策定を慎重に進めてきました。2019年1月に河北省政府が公表した「河北雄安新区全体計画（2018-2035年）」によると、2022年までに環境保護を意識したインフラ建設を中心に進め、ハイエンド産業の誘致を加速し、2035年までには環境に配慮した、最先端のデジタル技術を実装したスマートシティを実現する計画です。

また、急増は避けながら、2050年をめどに人口1000万人超のメガシティとすることを目指しています。

第3章

テックジャイアントBATHと次世代プラットフォーマーTMDP

検索エンジンのバイドゥ（百度）、ECのアリババ（阿里巴巴）、SNSのテンセント（騰訊）、通信機器のファーウェイ（華為）の名前を、本書を手に取る以前からご存知だった方は大勢おられると思います。このテックジャイアント4社は、それぞれの頭文字をとってBATHと総称され、中国のデジタル革命を牽引してきました。

一方、近年では多くのテック新興企業が誕生し、先を走るBATHの背中を猛烈な勢いで追いかけています。中でも、BATHの挑戦者として名乗りを上げ、その台頭が注目されているのがTMDPと総称される次世代プラットフォーマーの5社です。

Tは動画配信アプリ「ティックトック（抖音）」とニュース配信アプリ「今日頭条」のイニシャルで、アプリを提供しているのは世界最大のユニコーン企業といわれるバイトダンス（字節跳動）社です。同社はアプリの人気と拡散力を武器に国外進出し、現地市場の開拓に実績を上げています。ファーウェイに続き米中貿易戦争の象徴としてトランプ大統領に槍玉に上げられ、「ティックトック」の米国内事業に売却命令が発出されたことはご存知の通りです。

Mは2社を総称しています。一つは出前アプリケーションの成功で中国のデリバリー市場を席捲した「メイトゥアン（美団）」です。口コミ情報とデリバリーをワンストップで提供する究極の生活目線で展開するビジネスが支持されています。食べログとウーバーイーツ

（Uber Eats）を一つのアプリケーションで展開しているようなものです。

もう一つはスマートフォンメーカーのシャオミ（小米）社です。同社の英語表記は「Xiao"m"i」で、「M」を自社のシンボル文字としています。さまざまな関連企業を抱えていることで知られ、5Gやスマート家電、リアル店舗の展開に力を注いでいます。

Dはライドシェア最大手のディディチューシン（滴滴出行）で、世界5億5000万人以上のユーザーにサービスを提供しているといわれています。

最後のPはEC新興勢力の「PDD（拼多多）」です。PDDは新興企業の上海尋夢信息技術が運営するECであり企業の名称ではありませんが、こちらのほうが遥かによく知られているため、企業名に準じた使われ方をしています。地方の低所得層をターゲットとしたビジネスが成功し、EC大手のアリババとジンドン（京東）を追い、ECの御三家の一角を占めるようになっています。

TMDPはBATHの背中を追い、さまざまな分野でシェア争いやユーザー争奪戦を繰り広げてきました。メイトゥアンとPDDは時価総額ですでにバイドゥを上回り、新興勢力の勢いを物語っています。また、近年では実店舗展開と国外進出を重視する傾向が強くなっており、BATHとTMDPの覇権をめぐる戦いの主戦場が変わり始めています。本章では、テックジャイアントと次世代プラットフォーマーのビジネスの全容を報告します。

1.「AII in AI」に社運を賭ける――バイドゥ（百度）

順風満帆の船出からブランド危機へ

ＢＡＴＨの一角を占める検索大手バイドゥの設立は２０００年です。創業者の李彦宏会長兼ＣＥＯはシリコンバレーに勤めるエリートエンジニアでしたが、妻の励ましもあって帰国し起業することを決断したといいます。

アリババやテンセント、ファーウェイが創業当初は苦難の道程を歩いたのとは違い、バイドゥの船出は順風満帆でした。クライアントの広告費によって検索ランキングを決める「ペイドリスティング競売サービス」の仕組みを用いて、広告収入を収益源とするビジネスモデルの確立に成功したからです。創業から5年後の２００５年夏には、早くも米国ナスダック市場に上場を果たしました。

第1章でも触れましたが、２０１０年には大躍進のチャンスをものにしました。検索サービス世界最大手のグーグル（Google）の中国市場撤退で国内シェアをそれまでの6割から9割に拡大し、検索エンジン最大手の地位を固めたのです。その後も、「バイドゥ地図」

や「バイドゥ翻訳」など人気のサービスを相次いで打ち出し、テックジャイアントに成長しました。

しかし、２０１６年に試練が訪れます。バイドゥのブランドイメージを揺るがす事件が起こってしまったのです。

滑膜肉腫という癌に罹患した大学生が、有効な治療法があると自称する病院で治療を受けました。その病院はバイドゥに高額な広告費を支払っており、バイドゥ検索で関連情報を検索すると1位に表示されていました。大学生の両親は高額な治療費を支払いましたが、治療の効果はなく大学生は亡くなりました。亡くなる直前、大学生は、ネット検索で病院が謳っていた有効な治療法は滑膜肉腫には効果がないことを知り、一連の経過をネット上で公開しました。

大学生の死亡後、病院の情報の信憑性が疑われ、バイドゥが多額の広告費を受け取っていたことや広告費の多寡により検索順位が決まるシステム、検索結果に対する監視機能を果たしていなかったことなどに、多くの批判が集まりました。これが事件のあらましです。中国では亡くなった大学生の名前をとって「魏則西事件」と呼ばれています。

この事件では、検索サイトが果たすべき社会的責任が議論となり、バイドゥは創業以来最大のブランド危機に陥り、検索広告収入は大幅に減り、株価も大きなダメージを受けることになりました。

多角化への模索

「魏則西事件」は大きな痛手でしたが、実は、事件が起きる前、２０１０年頃から、バイドゥのビジネスは曲がり角に差し掛かっていました。インターネット端末の主役がパソコンからスマートフォンに変わり、パソコンユーザーをターゲットとしていたバイドゥの勢いに陰りが見え始めていたのです。

アリババやテンセントがスマホ時代を見据えた新しいサービスを矢継ぎ早に打ち出したのに対して、グーグル撤退の追い風もあり、バイドゥは検索サービスにこだわりすぎて、他分野への進出に出遅れました。その結果、ネット検索ではシェア90％にのし上がりながら、売上高や時価総額ではテンセントとアリババの後塵を拝するようになりました。

劣勢挽回のため、バイドゥは２０１４年頃から、多角化戦略へ舵を切りました。

その一つはＯ２Ｏ（online to offline）と呼ばれる、オンラインのサイトからデリバリーなどのオフラインサービスにユーザーを誘導するサービスです。２０１４年にはデリバリーサービス「バイドゥ外売」を開始しました。「外売」はテイクアウトの意味です。バイドゥ地図の検索サイトからユーザーを誘導する仕組みで顧客を獲得し、マーケットシェア3位まで成長しました。しかし、2017年にライバルの「ウーラマ（餓了麼）」に事業を売却しています。競合他社のメイトゥアンや新興企業との厳しい競争の中で、撤退を迫られたためです。

二つ目はコンテンツサービスの拡充です。事業の中核をモバイル端末向けサービスにシフトするため、「バイドゥアプリ」を中心に、コンテンツ・エコシステムの構築に注力しています。

例えば、誰もが情報を発信できるコンテンツプラットフォーム「百家号」をリリースし、コンテンツプロバイダーとユーザーをつなげるサービスを開始しました。バイドゥ検索の検索結果を「百家号」のコンテンツに誘導したり、ユーザーの過去の検索履歴から個別広告でコンテンツを推薦したりするサービスです。

2017年秋には短編動画投稿サービス「好看ビデオ」もリリースしました。動画投稿サービスシェア1位の「ティックトック」には及びませんが、ユーザー数を確実に増やしています。

三つ目はフィンテック分野への参入です。2015年末に決済サービスの「バイドゥペイ」（後に度小満ウォレットに改称）をはじめとし、消費者金融、教育ローン、資産運用などの金融事業を開始しました。その後、他社と提携し、民営銀行の「百信銀行」も開設しています。さらに、2018年にはフィンテック子会社のドゥシャオマンファイナンス（度小満金融）を設立し、フィンテック事業の拡大を図っています。

多角化への模索と同時に、バイドゥは投資戦略を強化し、ベンチャー投資で事業領域を広げようとしています。自社の展開戦略に関連するAIや、ハードウェア、交通サービス、ヘルスケア、フィンテック、エンターテイメントなどへの投資を続けています。しかし、投資件数でも投資総額でもアリババとテンセントには大きく水をあけられているのが実情です。

動画配信サービスが新たな収益の柱

現在、バイドゥの収益の新たな柱となっているのは、経営の多角化戦略に先立ち、2010年に開始した動画配信サービス「愛奇芸」です。中国版ネットフリックスを目指し、順調に成長し続けています。「愛奇芸」は子会社化され、2018年春には米国ナスダック市場に上場しています。

主要収入源はオンライン広告と有料会員会費、IP（知的財産）関連収入です。「愛奇芸」は2011年から有料会員サービスを開始しましたが、新規会員獲得のために既存のテレビ番組をオンライン配信するだけでなく、ドラマやバラエティー番組の自社制作に乗り出し、それが功を奏しました。2019年の売上高に占める会員費収入は52%で、広告収入の25%を大きく上回っています。

会費収入の総売上比50%突破は、それまでの中国のネット業界の常識を覆す出来事です。中国では無料サービスで利用者を囲い込む手法が常套で、有料化は利用者離れを招くと敬遠されていました。「愛奇芸」の成功からは、質の高いコンテンツなら有料でも利用したいという中国人消費者マインドの変化を見て取ることができます。バイドゥ傘下の「愛奇芸」が、有料会員会費が広告費を上回る収益モデルを確立したことは、中国でもサブスクリプション（定額サービス）ビジネスの可能性があることを示唆しています。

「愛奇芸」は現在、東南アジアでのビジネスの展開にも注力し、新型コロナウイルスによる在宅需要の増加を追い風に、ユーザーの拡大を目指しています。

AIはバイドゥの生命線

「愛奇芸」の成長により新たな収入源は確保できたものの、多角化の遅れや「魏則西事件」の打撃、新興企業の急成長などにより、中国ではバイドゥがＢＡＴＨの一角から滑り落ちるのではないかとの観測が広がった時期がありました。

　そうした混迷を打開するため、２０１７年にバイドゥは「Ａｌｌ ｉｎ ＡＩ」戦略を掲げ、ＡＩ関連分野を新たに事業拡大の柱に据えました。ＡＩ分野での投資や研究のため、中国と米国を中心にＡＩラボを設置し、ＡＩ人材を広く招き入れ研究・開発を進めています。

　もちろん、ＡＩは付け焼き刃の戦略ではありません。バイドゥは以前からＡＩ関連分野に取り組み、周到な準備を進めていました。２０１５年には対話型ロボット「小度」を公開しています。さらに、同じ年にスマートスピーカーと対話式ＡＩプラットフォームの「度秘ＯＳ」もリリースしています。関連エコシステム拡大を目的にスマートデバイスメーカーにも投資していました。２０１６年には、音声認識や画像認識、ディープラーニングなどのＡＩ技術を統括するプラットフォーム「バイドゥブレーン」を公開しました。

　ＡＩ戦略の一環として、特許の取得も蓄積していました。中国特許保護協会の公開データによると、バイドゥは２０１７年までに中国のＡＩ分野における特許出願件数でトップに立ち、２０００件超を取得していました。音声認識、自動運転、自然言語処理、スマート検索（アルゴリズム）の個別領域においても首位に立っていました。

　李彦宏ＣＥＯは、バイドゥブレーンと自動運転技術に頻繁に言及し、ＡＩを同社の基軸事業に据えていることを内外に示しています。2018年には、中国のシリコンバレーと呼ばれる北京中関村に「バイドゥブレーンイノベーション体験センター」をオープンし、バイドゥブレーンを基に開発した自動ゴミ分別装置や不良品検査システム、美人度測定システム、スマート販売機などを公開し、技術力をアピールしています。自動運転技術については、第2章に詳述した通り、自動運転国家AIプラットフォームに認定されており、その技術力は高く評価されています。

「All in AI」を柱とする事業戦略の公表後、バイドゥは、自動車メーカー、部品メーカー、半導体メーカーなどが自動運転技術を共同開発するプラットフォーム「アポロオープン計画」を立ち上げました。このコンソーシアムには中国企業をはじめ、独ダイムラーや米フォード・モーター、マイクロソフト（Microsoft）、トヨタ自動車、ホンダなど、世界の自動車メーカーやIT企業が参加し、「アポロオープン計画」はバージョンアップのたびに自動運転の能力を向上させています。2019年には50台超の保有車両で公道試験を行い、走行距離で中国企業の試験走行では最長の約75万キロを達成しました。

バイドゥは本社所在地の北京市から、すでに自動運転道路走行許可を取得し、北京郊外の雄安新区では「アポロオープン計画」によって開発された自動運転バスが走っています。また、内陸の湖南省長沙市と共同で「自動運転イノベーションパイロット都市」を創生する計画もあります。2020年4月には、同市でバイドゥの自動運転タクシー「アポロロボタクシー」が、一般市民向けの試乗サービスを開始しました。利用範囲は主要住宅地と商業エリアをカバーする約130平方キロメートルに及ぶといいます。自動運転タクシーを気軽に利用できる日も近づいています。

検索サービスからスタートし、挫折も経験したバイドゥは現在、全力投球でAI分野の開発を進めています。AIはバイドゥの生命線であり、「All in AI」シフトは同社の社運を賭けた勝負になるはずです。

2.「衣・食・住・行」を網羅する経済圏——アリババ(阿里巴巴)

生活インフラの提供者

アリババは1999年に浙江省杭州市内のアパートの一室で誕生しました。創業者の馬雲・前会長は弁舌に長けた人物として知られていますが、元は大学の英語教師で、アリババ創業までに二度、起業に失敗していたといいます。

社名の「アリババ」の由来は言うまでもなく『千夜一夜物語』ですが、世界中の人々が耳にしたことがあり、どの言語でも発音が似ていて覚えやすいというのが社名に選んだ理由です。そこには、アパートの一室から世界の大企業に飛躍するという、馬雲の強い思いと決意が込められていました。

B2B（企業間取引）向けのサービスから事業を開始したアリババは、2003年にC2C（個人間取引）向けのECサイト「タオバオ（淘宝）」を立ち上げ、米eBayとの激しい競争を勝ち抜いて、ECのフロンティアの地位を築き上げました。さらに、2008年にはB2C（企業から消費者）のECサイト「Tモール（天猫）」を開設します。翌年からはTモールで「独身の日（11月11日）」の大規模なセールを開始し、今では中国のEC業界の一大イベントとして定着しています。中国では11月11日は数字の1が並ぶことから独身の日と呼ばれています。2019年には1日で4・2兆円の売上を記録しました。第1章に記述した通り、アリババは21世紀に入ってからの中国におけるネット人口の急増を追い風に、急成長を遂げました。

ECを原点とし、EC部門が利益の大半を占めるアリババには、EC最大手の座の死守を至上命題とする強い企業意志があります。その一方で、中長期的戦略から、金融・フィンテックや生活サービス、交通、ＡＩなどの分野で、新規事業の立ち上げや他企業への投資、買収などにより、次々とさまざまなサービスを打ち出して事業の多角化を進めてきました。それらの新規事業はアリババの成長のエンジンになりつつあります。

アリババの強みは中国人の日常生活に関わる「衣・食・住・行（交通）」の生活インフラのすべてのサービスを網羅し、「アリババ経済圏」とでも呼ぶべきサービスのエコシステムを構築していることです。

原点のＥＣには「Ｔモール」「タオバオ」の他に、共同購入の「聚划算」があります。第2章で紹介したニューリテールを提唱しているアリババは、次世代スーパーの「盒馬鮮生」、デジタル百貨店のモデルとなる「銀泰商業」にも取り組んでいます。金融サービスは傘下のアント・フィナンシャルに集約し、決済サービスの「アリペイ」を軸として、資産運用サービスやネット銀行、保険、信用評価などのさまざまな金融サービスを提供しています（表2-5）。生活サービスには出前サービスの「ウーラマ」、口コミサービスの「口碑」、旅行関連サービスの「飛豚」があり、交通関連には地図サービスの「高徳地図」、物流・配送には「菜鳥」、ＡＩ分野ではスマートスピーカーの「天猫精霊」、都市管理・スマートシティの「シティブレイン」などがあります。また、エンターテイメント分野も動画

表3-1：「衣・食・住・行」を網羅するアリババのサービス

カテゴリー	サービス
EC・リテール	Tモール、タオバオ、聚划算、盒馬鮮生、銀泰商業
金融	アリペイ、余額宝、網商銀行、ゴマ信用、螞蟻保険服務
生活サービス	ウーラマ、口碑、飛豚
交通関連	高徳地図
物流・配送	菜鳥
AI	天猫精霊、シティブレイン
エンターテイメント	Youku、アリババ映画、アリ音楽、アリ体育
企業向け	アリクラウド、釘釘

（出所）各種資料を基に著者作成

配信の「Youku」、映画製作の「アリババ映画」、音楽配信の「アリ音楽」、スポーツ試合配信の「アリ体育」と多彩です。さらに、クラウドサービスの「アリクラウド」、中小企業向けのオフィス管理システム「釘釘」など企業向けのサービスも提供しています（表3−1）。

これらのさまざまなサービスは相互にリンクし、一つのサービスから他のサービスへとユーザーを誘導する仕掛けが施されています。それが「アリババ経済圏」です。例えば、「アリペイ」のユーザーを資産運用サービスの「余額宝」やネット銀行の「網商銀行」に誘導する仕掛けはその典型です。アリババが提供するあらゆるサービスの支払いは「アリペイ」へと誘導されます。もちろん、各ECと配送サービスの「菜鳥」はリンクしています。

また、口コミサービス「口碑」のユーザーは出前サービスの「ウーラマ」に誘導されます。このように、一つのサービスの利用をきっかけとして、ユーザーをアリババ経済圏に取り込み囲い込んでいくことが、「衣・食・住・行」のすべてにサービスを多角化させたアリババの戦略なのです。

ニューリテールの実践

第2章でニューリテールに触れました。実店舗で商品を陳列しながら、ECサイト同様の決済・配送サービスを提供する新しい形態の小売ですが、これはアリババが提唱したビジネス・コンセプトです。リアルとデジタル、物流の三者融合によって新たな消費体験が提供されています。

アリババは、ニューリテールを導入し、実店舗を持つ小売業界への参入を試みています。強みはEC事業の実績により保有するデータをフル活用して、ビジネスを構築できることです。例えば、次世代スーパーの「盒馬鮮生」は、ECユーザーのデータを基に出店場所を選定しています。3キロ圏内に一定数以上のユーザーがいる商業集積地が出店場所の候補となるのです。また、入荷から在庫、配送まで、すべてのデータを一元管理し、買い物は専用アプリで決済します。専用アプリで決済しさえすれば、いちいち決済手段や配送先を入力する必要はありません。また、買い物客はスマートフォンで商品のバーコードを読み取れば、産地と流通ルートを確認できます。

データの活用で消費者利便性を高めるだけでなく、魅力ある実店舗づくりや商品開発にも力を入れています。例えば、飲食のコーナーでは店舗で販売している新鮮な食材をその場で調理するメニューを提供しています。

ニューリテールの最大の狙いはオンラインユーザーの拡大です。アリババはＥＣサイトでも生鮮食品を販売しており、業界最後のブルーオーシャン（競合相手のいない市場）といわれていますが、実物を見て新鮮であることを確認できないＥＣの利用は敬遠され、低成長に留まっていました。実店舗での体験は、ＥＣサイトの生鮮食料品の信用を高め、オンラインでのリピート購入を促す役割を果たしています。

「盒馬鮮生」は実店舗から3キロ圏内のユーザーには30分以内の配達サービスを実施しており、それも強みです。オンライン販売は「盒馬鮮生」の売り上げの6割を占め、実店舗展開は思惑通り成功しているといえます。

102年企業

アリババは創業以来、「あらゆるビジネスの可能性を広げる力になる（To make it easy to do business anywhere）」ことを企業ミッションに掲げています。２００９年の創業10周年記念パーティーでは、創業者の馬雲は「アリババを１０２年企業にする」と企業目標を発表しました。20世紀末の１９９９年に創業したアリババを、22世紀が始まる２１０１年以降も存続させ、三つの世紀にまたがって生き延びる企業に育てるとの決意の表れです。

企業ミッションと目標を明確に打ち出しているアリババの企業文化の特徴の一つは、有能な若手を経営に参画させる「パートナー制度」と呼ばれる人材登用制度にあります。

２０１０年に導入された制度で、入社5年以上の社員の中から、能力に優れ、アリババの企業ミッションに賛同する社員を選考し、「パートナー」に任用します。選考には役員だけでなく、すでに任用されているパートナーも加わります。パートナーは実務で大きな権限を与えられたり、重要な経営会議に出席したり、子会社の代表や役員に抜擢されたりして、経営に参画します。２０１８年3月末現在で、パートナーは36人で、うち12人は女性です。パートナーの多くは30代、40代の若手で、パートナー制度には次世代のリーダーを育成するという狙いがあります。

同時に、人事制度では、「末位淘汰」と呼ばれる、人事評価で最低ランクの社員に退社を勧告する厳しい制度も導入しています。中国のＩＣＴ企業にはこの制度を導入している企業は少なくありません。「末位淘汰」によって、社員のモチベーションを維持するとともに、社外から優秀な人材を取り込む人材入れ替えの機会を作れるとの考えからです。

次なる3つの戦略

「１０２年企業」を目標に掲げるアリババは、持続的成長とエコシステムの拡充に向けて、三方面の中長期的事業戦略を描いています。

一つ目は中国国内の地方都市と農村市場の開拓です。国内大都市圏ではアリババの中核であるＥＣ事業の市場は飽和状態に向かいつつあります。他方、前述した新興ＥＣのＰＤＤが地方の低所得層をターゲットにして成功したことが物語るように、地方都市や農村地域には新たな需要を掘り起こすことができる可能性があります。農村部や離島にまでＩＴ機器が普及し配送網も張り巡らされている日本とは違い、中国の農村にはパソコンやスマートフォンが普及していない地域はまだ多く、配送網も行き渡っていないからです。アリババにとっては、ＰＤＤの台頭は脅威であり、地方市場でのユーザー獲得は生命線なのです。

アリババは２０１４年頃から農村地域にサービスセンターを開設し、「タオバオ」サービスを始めました。利用者は、センターに設置されているパソコンを使ってネット注文をしたり、商品を受け取ったり、農産品や工芸品などを出品したりすることができます。

二つ目はグローバル戦略です。ＥＣ分野で中国の覇権を揺るぎないものとしているアリババは、世界に目を向け、本格的な国外進出を図ろうとしています。

「Ｔモール」は、積極的に国外メーカーやブランドを誘致し、現在、92カ国・地域から２５００を超えるブランドが出店しています。一方、国外消費者を取り込むため、世界中の消費者が中国のメーカーや流通業者から直接商品を購入できるオンラインマーケットプレイス「アリエクスプレス」を開設しています。例えば、日本語版のアリエクスプレスにアクセスすれば、日本の消費者は日本語のサイトで買い物をすることができます。また、アマゾンとの競合を見越して、東南アジアでプラットフォームを展開する「ラザダ」やインドネシアの「トコベディア」、雑貨に強いインドの「ビッグバスケット」などに投資しています。

ＥＣだけでなく、決済の「アリペイ」やクラウドサービスの「アリクラウド」などが国外進出の先陣となっています。「アリクラウド」は、進出先にデータセンターを設置し、企業向けにクラウドサービスを提供しています。日本では、ソフトバンクとの合弁で設立したSBクラウドが、アリババのクラウドサービスを提供しています。

三つ目は先端技術への長期投資戦略です。「アリババ経済圏」のさまざまなサービスを支えているのはテクノロジーであり、創業以来、事業拡大のあらゆる場面でアリババの技術力は鍛えられてきました。例えば、「Tモール」の「独身の日」のキャンペーンです。メディアでは売上高や商品の配送個数が注目されがちですが、取引、決済、配送など関連するあらゆる部門に相当の技術力の蓄積がなければ、1日4・2兆円の売り上げに対応できません。「アリペイ」やそれに付随するさまざまなフィンテックサービスも技術力の基盤がなければ提供できません。

アリババは常に新しい技術を活用し、サービスの質の向上に努めてきました。例えば、「Tモール」に出店しているスウェーデンの家具量販店イケア（IKEA）では、3D技術の導入により、オンラインであるにもかかわらず、まるで実店舗で買い物をしているかのようなショッピング体験ができます。そのほか、「Tモール」では、ARによる洋服の試着サービスが普及し始めています。

2017年秋、アリババは基礎研究の強化と技術力の向上のために、基礎研究組織「達摩院」を設立しました。1兆円以上の研究資金の投入を公表しています。AI関連技術、ビッグデータおよびクラウドコンピューティングの研究開発が長期投資の対象です。先端技術への投資は新たなビジネスにつながると考えられます。

課題解決をビジネスに

アリババの事業展開の歴史を振り返ると、そこには共通の特徴があることが分かります。それは、直面する課題の解決策として技術力の向上を図り、向上した技術力を活用して別の新たなビジネスを展開してきた歴史です。

「アリペイ」の誕生は典型的な事例です。前述の通り、ＥＣサイトでの売買で、買い手と売り手の不安を解消する課題を克服するために創り出した「アリペイ」は、現在、ＥＣサイトだけでなく、広く一般の社会でも決済ツールとして利用されています。

アリクラウドもその一例です。ＥＣサイトでの取引増加や他事業の急成長に伴い、アリババ社内ではデータベースやデータ処理などのＩＴインフラのニーズが高まっていました。そのため、それまでデータの保存や活用に使っていた米ＩＢＭ社のサーバー、米オラクル（Oracle）のデータベース、米デル（DELL）のストレージの利用をやめ、自らＩＴインフラの開発に取り組むことにしました。２００９年頃のことです。そして、２０１３年にはクラウドのサーバー数を5000台にまで拡張し、アリババのクラウドコンピューティングシステムを成功させました。以降、「独身の日」などに発生する膨大な取引と決済は「飛天5K」に支えられています。

クラウドコンピューティングは、自社のニーズに応えるために開発した技術ですが、社内での活用実績を経て、「アリクラウド」で社外にも、取引や支払い、データストレージなどのサービスを提供する新しいビジネスが誕生したのです。

「アリクラウド」の売上高は2018年3月の決算で初めて100億元（約1600億円）を突破し、翌2019年3月には、国内シェア第1位、世界シェア第3位にまで成長しました。2020年3月の決算では売上高400億元（約6400億円）に上り、今やアリババの新たな稼ぎ頭の一つです。国外進出にも非常に意欲的で、すでに世界100カ所以上にデータセンターを設置し、グローバルなサービス展開を図っています。日本にも進出し企業向けのクラウドサービスを提供しています。

ビジネスオペレーティングシステムを販売する

馬雲の後継者である張勇・現CEOはかつて、「皆が知っているECのアリババは、実はデータ企業に変わりつつある」と明言していました。さまざまなサービス事業によって蓄積されるデータを、あらゆる領域でフル活用してビジネスを展開する企業という意味です。

アリババは、そのデータ企業からさらなる進化を遂げようとしています。その目標は「アリババビジネスオペレーティングシステム」の構築です。マイクロソフト社がウインドウズというオペレーティングシステム（ＯＳ）をパソコンメーカーに提供しているように、企業にビジネスのオペレーティングシステム自体を販売するのが究極の目標です。

その武器はデータとテクノロジーです。両者の組み合わせで汎用性の高いビジネスオペレーティングシステムを構築しようとしています。前述の「盒馬鮮生」はすでに、「盒馬鮮生」の実践をビジネスの解決策として、小売企業に提供しています。

デジタル化が加速する世界で、その潮流に乗って、「アリババビジネスオペレーティングシステム」の活用により、デジタル化に立ち遅れた業界や企業のデジタル化をビジネスにつなげるのが、アリババの野心です。

馬雲は、「アリババが変革能力を持てるためのカギは、変化がやってくる前に変わることだ」と述べています。

3. 12億人のビッグデータ——テンセント（騰訊）

SNS王者へ

ＳＮＳの中国最大手テンセントの強さを表すデータがあります。モバイルインターネットを対象にさまざまな調査を行う中国のクエストモバイル社の公開データによると、２０２０年3月現在で、インターネット利用時間に占めるテンセント系アプリケーションの利用時間は一番長く、約43％に達しています。中国人ネットユーザーはインターネットでの滞在時間の半分近くをテンセント系のアプリで過ごしていることになります。ＳＮＳをはじめ、ゲームやエンターテイメントなどさまざまなサービスを作り出しているテンセントは、ユーザーとの接触時間において圧倒的な優位性を持っているのです。

テンセントは１９９８年に深圳で設立されました。温和な性格で知られる創業者の馬化騰ＣＥＯは、バイドゥ創業者の李彦宏ＣＥＯと同じコンピュータエンジニアの出身です。

テンセントは創業以来、ＳＮＳのプラットフォーム開発を目指してきました。１９９９年にインスタントメッセンジャーサービス「ＱＱ」を公開して勢いに乗り、「ＱＱ」のユーザー増に伴って、「QQ」をポータルサイト化し、ニュースやゲーム、音楽などの関連サービスを相次いで提供しました。2004年には香港証券取引所に上場し、有力企業への足掛かりを得ます。米国ではなく香港を選んだのは、中国の投資家が売買しやすい香港市場とのつながりを強化したいとの思惑があったと思われます。

上場後も「QQ」の登録者は増え続け、最盛期の2016年には約9億人のユーザーを抱えるまで成長し、テンセントは大手ICT企業の地位を確立しました。可愛らしいペンギンをあしらった「QQ」のロゴマークは中国国内ではよく知られ、そのマークに因みテンセントは「ペンギン帝国」とも呼ばれています。

2010年頃からパソコンからスマートフォンへ端末の主役が交代し始めると、テンセントはモバイル経済の成長を見据え、スマートフォン向けのSNSアプリケーションの開発に乗り出しました。大成功した「QQ」の足下を脅かしかねないチャレンジでした。2011年1月には早くも中国国内でスマートフォン向けインスタントメッセンジャーアプリ「微信」を公開しサービスを開始、同じ年の4月には「WeChat（ウィーチャット）」の名称で世界に公開しました。微信は中国語で短信（短いメッセージ）の意味です。

「微信」は中国の国民的アプリとして成長し、世界でも多くのユーザーを獲得しました。テンセントのアニュアルレポートによると、2020年3月末現在で、微信とウィーチャットを合わせたユーザー数は12億人超に及びます。「微信＝ウィーチャット」の成功で、テンセントはＳＮＳ王者の地位を不動のものとしました。

アジアのトップ企業へ

テンセントはＳＮＳで獲得した膨大なユーザーを基盤に事業を展開し、成長を続けています（図３－１）。稼ぎ頭はゲーム事業で、２００３年のオンラインゲーム参入以降、次々と人気の高いゲームを送り出してきました。２０１５年にリリースしたスマートフォンゲーム「王者栄耀」は、「史上最も売れた」ゲームといわれ、現在でも2億人超のユーザーを抱えています。

ＳＮＳの基盤がなければ、ゲーム事業がこれほど成長することはできなかったはずですが、テンセントにとってゲーム事業は国外進出の大きな武器となっています。新型コロナウイルスの感染拡大による「巣ごもり需要」も追い風となり、国外市場での売り上げは好調です。

しかし、ゲーム事業を主力とする経営体質には弱点があります。中国では、若年層に与える影響を重視して、ゲームを販売するためには許認可が必要です。規制の方針が厳しく

図3-1：膨大なユーザー基盤をベースとするテンセントの事業構成（2019年）

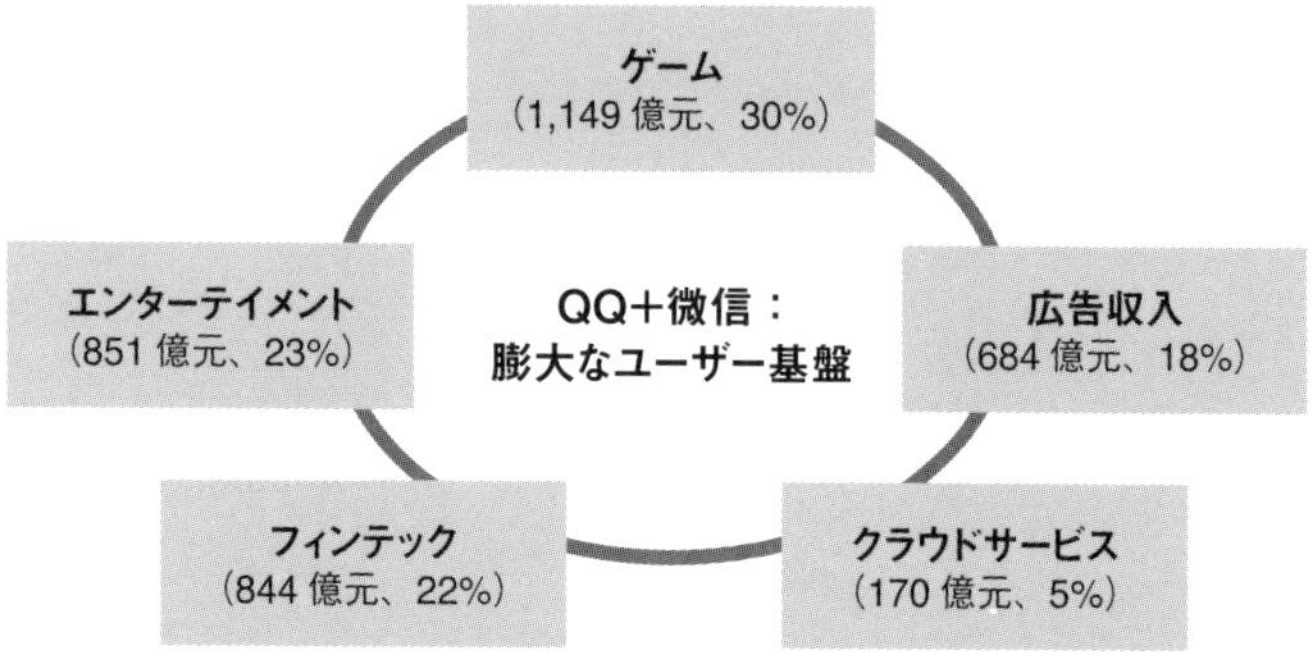

（注）括弧内は2019年の分野別売上高と全体に占める割合
（出所）テンセントのアニュアルレポートを基に著者作成

なれば、許可されなかったり、取り消されたりする危険性もあるため、当局の政策の影響を受け易い事業だからです。

２０１１年には総売り上げに占めるゲーム事業の割合は55％でしたが、「ウィーチャットペイ（微信支付）」を中核とする金融サービスの拡大や、動画や音楽、小説などの配信サービスなどエンターテイメント事業に注力し、２０１７年には41％、２０２０年には30％へと縮小し、ゲーム事業依存の体質を改善しました。

エンターテイメント事業での広告収入は、アリババの半分で、バイドゥにも後塵を拝していますが、この状況を打開するために、「微信」のエコシステムを中心に広告の増収を図っています。また、後述しますが、企業向けのクラウドサービスも今後の収益の柱とする戦略です。

前述の通り、２００４年に香港証券取引所に上場したテンセントの株価は、公開当初から右肩上がりで、２０１３年には時価総額１０００億ドルを突破し、大手プラットフォーマーの地位を固めました。２０１６年９月には時価総額で一時的にアジア首位に躍り出ました。その後も、アリババと熾烈な首位争いを繰り広げてきましたが、２０２０年８月現在の時価総額は５兆３８００億香港ドル（約70兆円）に達し、アリババを抜いてアジア首位の座を獲得しています。

「微信」開発秘話とエコシステム

「微信」はテンセントのさまざまなサービスの中では最人気のアプリケーションで、国外版の「ウィーチャット」と合わせると、12億人の月間アクティブユーザーを抱えています。その開発には、社内競争を重視するテンセントの企業文化を象徴するエピソードがあります。

テンセントでは、スマートフォン向けＳＮＳサービスの開発を決定後、社内に三つのチームを作って競合させました。その中で、競争を勝ち抜いた広州研究開発部のアプリケーションが採用され、チームは「微信」の名付け親となりました。

「微信」の成功もあり、テンセントは新規プロジェクトやビジネスを立ち上げる際、三つのチームを同時に走らせる競争メカニズムを導入しています。このような仕組みは人材や開発費などのリソースの無駄遣いのようにも思えますが、「開発理念を異にする技術者が付和雷同で一つのチームを形成して開発するより、開発理念により複数のチームを作って競争させたほうがより良いプロダクトを生み出す」との考えから、競争メカニズムを導入しているといいます。資金力の余裕があるからこそ実現できる仕組みなのでしょうが、テンセントには「競争による革新的なプロダクト開発」の理念があります。

2011年にリリースされた「微信」は、バージョンアップのたびに新たな機能を追加してきました。SNSだけでなく、日常生活のあらゆるシーンで使用されることを想定して、「微信」が提供するメッセンジャーや通話、情報発信、決済などの機能以外に、タクシーを呼ぶサービスやオンラインショッピング、映画チケットの予約、旅行関連情報、レストランの口コミ情報など他社サービスとのリンケージを充実させ、「微信」のエコシステム形成に積極的に取り組んでいます。

「微信」の開発チームは、無料提供サービスを収益に結び付けるマネタイズにも積極的に取り組んできました。第2章に詳述した「ウィーチャットペイ」を中心としたフィンテックサービスもその一つです。

ミニプログラム

フィンテック事業の他にも、「公式アカウント機能」や「ミニプログラム」が広告収入の拡大に大きく貢献しています。

「微信」ではユーザーの発信情報は、そのユーザーの友達コミュニティだけで共有されるシステムになっています。しかし、公式アカウントを作成すれば、全ユーザーが閲覧できるため、12億人のユーザーに発信できる可能性があります。公式アカウントは個人や企業の情報発信やマーケティングのツールとして有効である一方で、多くのユーザーの閲覧につながれば広告媒体としての価値も上がるため、広告収入の増加にもつながります。

「ミニプログラム」は2017年に開発され、「微信」に追加された機能です。「ミニプログラム」の機能を使えば、さまざまなサービスがそれぞれのアプリケーションをダウンロードしなくても、簡単に使うことができます。

例えば、ウーバーイーツや出前館のサービスを利用するには、それぞれのアプリケーションをスマートフォンにダウンロードする必要がありますが、「ミニプログラム」機能を使うと、その必要はありません。「ミニプログラム」の画面でウーバーイーツを検索し、ウーバーイーツの「ミニプログラム」をタップするだけで、ウーバーイーツのオーダーの画面にアクセスできるようになっているからです。注文は自動的に「ウィーチャットペイ」で決済される仕組みになっているため、スマートフォンで注文票を見せるだけで、商品を受け取ることができます。

中国では、会員登録と決済を必要とするモバイルサービスを提供する飲食店やデリバリーサービス、映画館、イベント予約サイトなど、大半の企業が「ミニプログラム」に対応しており、2020年4月末現在で、230万超の「ミニプログラム」が生まれました。「ミニプログラム」はその利便性と機能性でユーザーの支持を得、現在、月間8億人超のユーザーが「ミニプログラム」を利用しています。

「ミニプログラム」も含めた「微信」エコシステムの拡充に伴い、「微信」を介した商取引の経済規模は2019年には約130兆円に膨らみました。今後も増加していくとみられ、広告収入の増大も見込まれています。

「ドリームのないテンセント」？

2018年のことです。「ドリームのないテンセント」という投稿が、「微信」で拡散しました。「テンセントは良いプロダクトをつくる能力とイノベーション精神を失って、投資会社に変貌した」との主旨で、テンセントの企業体質を批判した投稿でした。

この投稿をきっかけに、中国では、積極的にベンチャー企業へ投資しているＩＣＴ企業の経営戦略について、賛否両論の議論が交わされました。

中国の大手プラットフォーマーの多くは、自社のエコシステムの拡充や将来の成長戦略として、ベンチャー企業への投資を惜しみません。アリババやテンセントは、ベンチャーキャピタルや機関投資家並みの件数と金額で投資を行っています。

テンセントはこれまでに８００社超に投資してきました。うち70社超が上場し、１６０社超がユニコーン企業に成長するなど、着実にリターンを得ています。特に、投資先だったＥＣ大手のジンドンや生活サービス大手のメイトゥアン、ＥＣ新興勢力のＰＤＤ、フィンテック企業の陸金所、衆安保険などの上場はテンセントに莫大な利益をもたらしたといいます。

投資先の独立性を重視し、有望なベンチャーへ早い段階から投資することと、「微信」のユーザー基盤を事業に活用できそうな企業に投資することが、テンセントの投資の特徴です。ジンドンやＰＤＤへの投資はその一例です。テンセントは２０１２年にＥＣ事業に参入しましたが、アリババとの正面衝突を避け、２０１５年には撤退しました。しかし、ＳＮＳユーザーを自社ＥＣに誘導し収益を上げることを諦める一方で、ＥＣ分野で成長が見込まれた両社に投資し、そのプラットフォームに「微信」のユーザーを誘導するという戦略に方向転換したのです。

テンセントの投資事業を率いる劉熾平氏は、2020年初頭に北京で開催した「テンセント投資ＩＦ（Insight＆Forecast）大会」で講演し、投資能力をさらに高め、小売のデジタル化をはじめとする産業のデジタル化に関連する分野へ投資領域を広げていくことを表明しています。

投資をするだけで、優れたサービスの開発を怠ってはならないのは当然のことですが、投資によるエコシステムの拡大がなければ、テンセントは今日のような成長を遂げることはできなかったはずです。「ドリームのないテンセント」との批判は、有望ベンチャーへの投資の重要性を理解していない的外れな批判だと思います。

企業、産業向けビジネス

ネット人口の爆発的な増加を背景に、テンセントは一般消費者向けビジネスに注力し、凄まじい成長を遂げてきました。しかし、前述の通り、ＥＣビジネスであれ、ＳＮＳであれ、人口ボーナスの終焉とともに、ネットユーザーの増加は頭打ちで、中国のインターネットビジネスは曲がり角に差し掛かっています。各社の喫緊の課題は、経営体力のあるうちに、次の収益源となる分野に布石を打つことです。

テンセントの馬CEOは「デジタルテクノロジーを通じ、企業や産業のデジタル化に貢献する」と明言し、個人消費者向けビジネス中心の経営戦略から、企業向けサービスにもビジネスを広げる姿勢を明確にしています。経営戦略の転換に伴い社内の組織改編も行い、「クラウド&スマート産業事業グループ」が新設されました。図3-1が示すように、クラウドサービス事業の売上高が全体に占める割合は今のところ大きくありませんが、今後の成長が有望視されています。

企業向けビジネスの展開と同時に、最先端テクノロジーの研究開発にも力を注いでいます。第2章に既述のＡＩラボや、２０１８年に設立した量子実験室はその一環です。量子実験室は、最先端技術分野への進出の布石として、量子コンピュータや量子通信に関する研究を行っています。

テンセントを含めたＢＡＴＨ４社間では、それぞれの主力分野以外の最先端領域を舞台とした新たな競争が始まっています。主戦場は第2章に示した「ＡＢＣＤ５Ｇ」に関連する領域です。

テンセントはこれまでＳＮＳの圧倒的なユーザー数を基盤にビジネスを展開してきまし

た。それが、テンセントの力の根源でした。新領域で新たに始まった競争でも、その武器を有効活用できるのかどうか。それが、テンセントの今後を占うカギとなりそうです。

4. 米国を怒らせた5Gの急先鋒──ファーウェイ（華為）

2万元の元手でグローバル企業へ

5G技術で一躍世界中に知られることになったファーウェイは、1987年に深圳に誕生しました。任正非CEOら技術者6人が手持ちのおカネを持ち寄って、計2万元の資金で設立しました。当時の中国の一人当たりGDPは1123元ですから、18人分の年収を6人で持ち寄ったことになります。当時、中国の通信機器市場は国外メーカーに席巻されており、社名の「華為」には、「中華（中国）の為」に、国産の通信機器メーカーを作るのだという思いが込められていたといいます。

任正非CEOは、中華人民共和国成立前の1944年に、内陸部の貴州省で生を受けています。混乱と貧困の時代に貧しい家庭に育った経験が、質素で質実剛健と評される人格形成に影響したと思われます。苦学して重慶建築工程学院（現：重慶大学）を卒業した任CEOは、人民解放軍の技術者を経て石油会社に勤務後、ファーウェイを立ち上げました。

ファーウェイは設立当時、構内交換機を生産する香港の会社の販売代理店として売り上げを確保しながら、利益のすべてを電話交換機などの自社製品の開発に注ぎ込みました。そして国外メーカーが軽視した農村地域で、郵便電話局に自社製のデジタル交換機を納入することで顧客開拓に成功し、それを梃子に全国へ顧客を拡大し、1998年には国内電話交換機市場でトップシェアに上り詰めました。

さらに、欧米のメーカーよりコストパフォーマンスが高い製品を武器に、1998年以降は国外へも進出しました。農村から全国へと顧客を開拓していった国内と同じ戦略をたて、欧米企業が進出していない発展途上国や自然環境が厳しい地域、戦争や紛争などの政治的な危険性のある地域を中心に顧客を開拓し、それを梃子に2005年には欧州への進出を果たしました。2017年のデータでは、欧州の通信インフラハードウェア市場ではシェア28%でトップ、ルーター市場では23・8%で2位を占めています。

2000年代にはスマートフォンやノートパソコンの開発などコンシューマー事業にも

乗り出し、2009年にアンドロイドスマートフォンをリリースしました。中国市場でサムスンやアップルなどの先行企業との競争に悪戦苦闘しながら大手の地位を確立し、その後、コンシューマー事業でも世界に進出しました。

2005年にファーウェイの国外売上高は国内売上高を逆転しています。以降、グローバル化は加速し、現在では170カ国、世界人口の3分の1の人々に、さまざまなサービスを提供しています。特に、欧州、中東、アフリカの各地域では大きな存在感を示しています。

かつて、任正非CEOは「近い将来、中国企業が世界をリードするかもしれないが、私はそれがファーウェイではないと信じる。ファーウェイは中国企業よりグローバル企業であり、狭義での民族主義を捨てよう」と語っていました。グローバル企業になることこそ、ファーウェイの企業理念であり、ファーウェイの目指す姿なのです。

奮闘文化

「砲火が消えないイラクから伝染病が蔓延するアフリカまで、ファーウェイ社員の姿を見ない土地はない。私たちはここまで頑張ってきた」――。

ファーウェイの社員専用交流サイト「心声社区」に投稿された書き込みの一節です。

ファーウェイは社員が〝猛烈〟に働くことで知られています。その象徴は、かつて、新入社員に支給されていたマットレスです。残業で帰宅できなくなったときの仮眠用に使われたといわれていますが、今は、主に昼寝用に使われているそうです。また、深夜残業時の帰宅のために本社キャンパスと深圳市内を結ぶ夜間バスも社員たちの働き方を物語っています。

ファーウェイは「奮闘文化」を企業理念の一つに掲げています。高い志を持って奮闘し、組織のために献身するという文化です。もちろん、「奮闘者」が報われる仕組みも用意されています。ファーウェイは創業4年目の1990年に社員持株制度を導入しました。企業は社員の努力で成り立ち、企業の利益は社員に還元すべきという理念からです。そのため、非上場での経営を堅持し、2018年末現在で、任正非CEOの持ち株比率は約1・1％で、残りは9万6768人の社員が所有しています。

研究開発と人材獲得

近年、中国では研究開発と知財を重視する企業が増えており、その代表格の一つがファーウェイです。研究開発はファーウェイの生命線であり、そのために資金と人材を惜しまず投入しています。

２０１０年から２０１９年までの10年間の研究開発費は６０００億元（約９兆６０００億円）超に及び、各年の平均で、売上高に占める研究開発費の割合は13・６％に達しています。欧州連合（ＥＵ）が２００４年から毎年公表している、企業の研究開発費投資ランキングの最新版（「The 2019 EU Industrial R&D Investment Scoreboard」）では、ファーウェイは全体の５位にランクされ、中国企業で唯一トップ10入りしています。日本のトップはトヨタで全体の14位ですが、売上高に占める研究開発費の割合は３・５％で、ファーウェイの約４分の１です。

一方、設立当初、６人の創業者も含め総勢わずか14人で出発したファーウェイは現在、18万人超の社員を抱えています。うち、研究開発に関わる社員の割合は実に45％前後で推移しています。

グローバル企業を目指すファーウェイは、「人材を得る者が天下を取る」との考えから、高給を武器に世界から人材を獲得しています。２０１７年頃には、ファーウェイ日本法人の新卒約40万円の高給が話題になりました。国外進出の際には市場を開拓するだけでなく、現地に研究開発の拠点を設置し、国外の優れた研究リソースと〝頭脳〟を活用しています。

資金と人材を惜しまない研究開発の成果は、特許出願件数に如実に現れています。企業別国際特許出願件数ランキングでは過去何度もトップに立ち、2019年も4411件の出願件数で1位に輝いています。ファーウェイは、特許件数は社員の「奮闘」の成果と考え、その数を誇りにしているといいます。

人材獲得と研究開発への惜しまぬ投資が、世界最高水準の技術力を培ってきたことは間違いありません。

5Gの覇者

ファーウェイの2020年上半期の売上高は前年同期比13・1%増の4540億元（約7兆2640億円）、内訳は通信事業1596億元（約2兆5536億円）、コンシューマー事業2558億元（約4兆928億円）、企業向け事業363億元（約5808億円）で、三部門で全体の99%超を占めています。これが、収益の三本柱です。四つ目の柱とすることを目指し、2017年にはクラウドビジネスユニットを新設しましたが、まだ大きな収益を生み出すには至っていません。

創業以来、ファーウェイの成長を支えてきたのは通信事業でしたが、近年、コンシューマー向けビジネスが急拡大しています。とりわけ、スマートフォン製造分野は躍進を続け、2019年の世界のシェアではアップルを抜き去り、サムスンに次ぐ第2位に躍り出ました。

米中貿易摩擦下にあって、米国はファーウェイに対して、政府調達からの排除に加え、米国製品・技術の輸出を禁じました。米国がファーウェイを目の敵にしているのは、5G分野で世界を席巻しつつあるファーウェイに待ったをかけることであり、延いては、中国のテクノロジーの力を弱めるためであるのに他なりません。

反対に言うと、ファーウェイは5G分野で米国が恐れるほどの実力を備えているということです。ファーウェイは2009年から5G関連の研究開発に着手しました。多額の資金を投じ、『「2Gではフォロー」「3Gでは突破」「4Gでは同調」、そして「5Gでリード」』を目標に、到来間違いない5G時代への布石を着々と打ってきました。5G関連技術の標準規格化や企業連盟の推進、商用化に向けた試行など地道な努力を積み重ね、優位性を獲得してきました。結果、5G標準規格特許件数は世界第1位で、米国の市場調査機関「デローロ」のデータによれば、5G通信用設備市場シェアでもトップに立っています。

「居安思危」

世界的なITバブルの崩壊が始まったとされる2000年末、任正非CEOは社内向けに「ファーウェイの冬」という文書を発表し、「この十数年間、成功よりずっと失敗を考えてきた。栄誉と誇りより、危機感を感じている」と社員に語りかけました。これは常に危機感を持って経営にあたってきた任正非CEOの本音です。2011年にも社内向けに発表した「一江春水向東流」と題する文書の最後に、「歴史から学んだことは、死は必ず来ること。我々の責任は生き延びること」と記しています。

平時でも常に有事に備え用心を怠らないことを、中国では「居安思危」といいます。この言葉はファーウェイの社員に深く刻まれ、それが企業文化を形成しています。

ファーウェイは効率の良い分業モデルで、グローバルサプライヤーとのウィンウィンの関係を重視してきましたが、同時に、供給停止のリスクに備えるため、2004年から中核部品やオペレーティングシステムの独自開発を「プランB」として準備してきました。その一環として、同年10月には半導体メーカーのハイス（海思半導体＝ハイシリコン）を設立していました。2020年第一四半期の中国製スマートフォン向け半導体のシェアでは、米クアルコム社を抜き1位となっています。

「居安思危」を経営哲学としていたとはいえ、米国との摩擦がここまで深刻化したのは想定外のことでした。米国製の部品が調達できなくなったファーウェイは、躊躇せずに「プランB」に踏み込み、部品の内製化を進め、経営幹部は「米国製品を使わない体制ができた」と発言しています。

ファーウェイがこれまで売上高の10%以上を投入し続けることで培ってきた技術力によって、現在の逆境を乗り越えられるか正念場を迎えています。

5. ユーザー像を徹底分析——バイトダンス（字節跳動）

ニュース配信アプリ「今日頭条」

近年、中国ではニュース配信アプリ「今日頭条」と動画配信アプリケーション「抖音」の人気が上昇し続けています。ユーザー利用時間ではテンセント系アプリに次ぐ支持を受けています。「抖音」の国外版「ティックトック」は日本でも人気のアプリですから、ご存知の方も多いと思います。

両アプリケーションを運営するのは、2012年に北京で設立されたバイトダンス社です。創業者の張一鳴CEOは1983年生まれの元エンジニアで、「カリスマ性があり、穏やかで賢い」と多数の欧米ビジネス誌が評する人物です。

張CEOは、「情報が溢れかえる時代に有益な情報をスマートに得るためには、コンテンツを薦めるアルゴリズムが最も重要だ」と考え、アプリケーションを提供するバイトダンス社を起業しました。そして、最初にリリースしたのが、スマートフォン向けニュース配信アプリ「今日頭条」でした。

前述しましたが、中国語の「頭条」はヘッドラインの意味です。「今日頭条」は「あなたが注目するコンテンツこそ、頭条である」をキャッチフレーズとし、個々のユーザー向けにカスタマイズしたコンテンツの提供をビジネスモデルとしています。

配信情報のカスタマイズは、AI技術を徹底的に活用するアルゴリズムの確立で実現しています。ユーザーの性別や年齢、住所、利用時間帯、閲覧履歴、ブログへの書き込み等の情報から、ユーザーの好みや関心を持ちそうな分野を分析し、分析結果を基にその日のニュースを選別し提供する仕組みです。

現在、「今日頭条」は6億人のユーザーを誇り、ユーザーの平均利用時間は1日80分強に及びます。中国では、利用時間の長さはアプリケーションへの「粘度」と表現され、発行元の企業価値を評価する重要な基準となっています。

「ティックトック」の快進撃

「抖音」(海外版は「ティックトック」、以下「ティックトック」)は2016年秋にリリースした、バイトダンスの二の矢です。正式名称は「抖音短視頻」で、「短視頻」はショット動画の意味です。ユーチューブなど既存サービスとの差別化を図るためショット動画であることを強調したネーミングで、リリース当初は、「ビューティフルライフの記録と共有」をキャッチコピーとしていました。

「ティックトック」はご存知の方も多いと思いますが、簡単に説明すると、15秒から1分ほどの短いユニークな動画を手軽に作成・投稿できるアプリケーションです。編集する際にスローや倍速など速さを操作できたり、アプリの中に実装されている特殊効果を使ったりして、誰でも簡単にユニークな動画が作れるようになっています。

「ティックトック」は瞬く間に中国に広まり、老若男女を問わず、誰もが楽しめるネットコミュニティの一つとして定着しました。

人気上昇の原動力の一つとなったのは、「今日頭条」と同じような、コンテンツ推奨の仕組みです。「ティックトック」には、ユーザーの好みを分析し、ユーザーが関心を持ちそうなコンテンツを紹介する機能も組み込まれており、それが再生回数増加の仕掛けになっているのです。

「ティックトック」は２０１７年の英語版を皮切りに、次々と国外版がリリースされ、国際ブランドとしても成長しました。米国調査会社「センサータワー」の調べで、２０１８年第一四半期のＡｐｐ Ｓｔｏｒｅのアプリダウンロード数で世界第１位を獲得しました。日本には２０１７年夏に上陸し、同年11月には早くもアプリストアのダウンロード数第１位を獲得、２０１８年の流行語大賞アプリ部門で１位となるほどの知名度を得ました。

「ティックトック」は動画を配信できるだけでなく、ユーザー間で動画を共有できることが魅力で、ソーシャルメディアとしての機能も果たしています。それは、ＳＮＳ大手のテンセントにとって脅威でした。そのため、２０１８年には、バイトダンスの「今日頭条」の「頭」と、テンセント（騰訊）の「騰」をもじって「頭騰大戦」と呼ばれた攻防が展開されました。テンセントが運営する「微信」で「ティックトック」の動画を共有できないようにした「排除アクション」がきっかけでしたが、バイトダンスがＳＮＳの巨人の地位を揺るがすまでに成長したことを示す象徴的な出来事でした。

中国の調査会社「クエストモバイル」の報告書「２０２０年中国モバイルインターネット四半期報告」によると、２０２０年3月の「ティックトック」の中国国内の月間アクティブユーザー数は前年同月比14・7％増で5億人を超えています。ユーザーの1日平均利用時間は約1時間で、それがテンセントの地位を揺るがす存在となった理由です。

バイトダンスは未上場ですが、２０２０年4月現在の企業評価額は１０００億ドルで、世界最大級のユニコーン企業に成長しました。急成長の秘訣は、もちろんサービスの優位性、つまり、アプリケーションの明確なコンセプトと、ＡＩ技術を駆使した徹底的なユーザー分析のアルゴリズムにあります。

本質はＡＩ企業

「今日頭条」や「ティックトック」を運営するバイトダンスはエンターテイメント企業と評価されることが多いようですが、実は、これまで見た通り、正真正銘のＡＩ企業です。アプリケーションの人気を支える根幹の技術は、ＡＩ技術に他ならないからです。

張ＣＥＯは「アルゴリズムは価値観を持たない」を信条とし、コンテンツの善悪や優劣の判断をせず、過去の閲覧履歴や検索履歴などのデータを基に、アルゴリズムが計算により導き出したユーザーの嗜好を忠実に反映したコンテンツを推奨することをサービス提供の原則としています。張ＣＥＯの考え方には賛否両論がありますが、バイトダンスは開発したアルゴリズムを基にユーザーにパーソナライズされたコンテンツを推薦する仕組みで成功を収めました。

バイトダンスは蓄積したＡＩ関連の技術力と、同社が獲得した膨大なユーザー情報を武器に、既存事業の拡大と、ＥＣ、フィンテック、ゲーム、医療や教育のデジタル化関連事業などの新規事業への参入を目指しています。

既存事業の配信サービスでは、ニュース配信と動画配信に加え、音声メディアの配信に力を注いでいます。２０２０年には、ＡＩ技術で小説などのテキストを音声にして配信するオーディオブックアプリ「番茄暢聴」をリリースしました。

新規事業では、ＥＣ事業参入の第一歩として、アリババと連携し、「ティックトック」のユーザーをアリババが運営するＥＣサイト「タオバオ」へ誘導する機能を追加しました。ユーザーが「ティックトック」で配信し紹介した商品のリンクをクリックすると、「タオバオ」に移動しその商品を簡単に購入できる機能です。今後は、独自のＥＣプラットフォームを作って「ティックトック」と連動させ、EC事業に本格的に参入すると予想されています。

医療や教育分野のデジタル化関連事業では、2020年に入ってから、AI技術を活用したオンライン教育とオンライン医療への投資を加速しています。また、フィンテック事業では、決済サービスと消費者金融事業の認可を得、金融分野への進出を目指し、ゲーム事業では2000人規模の開発チームを立ち上げるとみられています。いずれも、「ティックトック」と「今日頭条」のユーザー基盤を活用して、新規事業への参入をもくろんでいます。

グローバル展開と挫折

中国のインターネット利用人口の急増を背景に急成長を遂げたBATHをはじめとするインターネット関連企業が、国内でのネット人口飽和の時代を迎え、国外進出に活路を見出そうとしていることは前述した通りです。中国のネット人口は世界のネット人口の20%にすぎないことを考えれば、世界進出は当然の戦略です。バイトダンスも例外ではありません。「ティックトック」で国外進出を果たしたのは、その橋頭堡でした。

２０２０年5月現在、国内外での総ダウンロード数は20億超を記録しています。新型コロナウイルス感染拡大による〝巣ごもり需要〟も追い風となりました。「ティックトック」は、中国初の中国発グローバルアプリケーションに育ちました。グローバル化の観点からは、バイトダンスは、アリババやテンセントを抑え、中国で最も成功した企業だといえます。

張ＣＥＯは「ティックトック」の国外進出に際し、「成功を収めることができれば、わが社がグーグルのようなボーダーレス企業になれる」と語り、国外ユーザーの割合を高めに設定した数値目標を定めました。バイトダンスがグローバル企業へと脱皮し、さらなる成長を目指しているのは明白です。

その夢は、今、大きな試練に直面しています。

２０２０年8月6日、米国のトランプ大統領はバイトダンスとの取引を45日後から禁止する大統領令を発出しました。テンセントの「ウィーチャット」も同時に禁止されました。さらに、同月14日には、事実上、「ティックトック」の米国事業の売却も命じました。期限内に応じなければ、9月15日から米国内での「ティックトック」利用を禁止するとしています。取引禁止や売却の命令の理由は「安全保障上の脅威」とされ、ユーザー情報が中国当局に漏洩する可能性が示唆されました。バイトダンスとテンセントにしてみれば、言い掛かりとしかいえないような理由でした。

中国企業関連アプリの使用禁止や使用停止の動きは、他の国にもありました。インド政府は2020年6月下旬に「ティックトック」を含めた59の中国企業関連アプリの使用禁止を決定しています。

日本でも、それまで広報活動に「ティックトック」を利用していた東京都や神奈川県、大阪府など多くの自治体が利用を停止しています。

もちろん、背景には米中対立、中印対立など国際政治の問題という事情があります。「ティックトック」は国際政治の人身御供とされ、四面楚歌に陥っています。

しかし、グローバル化への決意が揺るぐことはありません。混迷が続く中、2020年8月には、「ティックトック」を通じて、「バイトダンスはグローバル企業になるように頑張っています。今、国際的な政治緊張や異なる文化の衝突、ライバルによる中傷など想像を絶する多くの困難に直面しています。しかし、我々は世界中のユーザー向けの価値創造という初心を変えず、依然としてグローバル化を目指し続けます」との決意を発信しています。

6．究極の生活者目線――メイトゥアン（美団）

胃袋を掴む

中国には「民以食為天（民は食をもって天となす）」という諺があります。先人の知恵が示す通り、食には大きなビジネスチャンスが潜んでいます。ネットビジネスでも食をめぐり激しい競争が繰り広げられましたが、今、業界地図は安定期に入っています。

最大手は「Eat Better, Live Better（よい食事で人生を豊かにする）」を企業ミッションに掲げるメイトゥアンです。味の素の「Eat Well, Live Well（上手に食べて、上手に生きよう）」と似ていますが、メイトゥアンは食品企業ではありません。生活関連サービスのプラットフォーマーで、新興プラットフォーマーの新星と目されています。

主事業のフードデリバリーの他、飲食店の検索・口コミ・予約、映画館や遊園地のチケットの購入、ホテルや民泊の検索・予約、買い物代行サービス、生鮮食品ＥＣなど、生活関連のサービスを提供しています。

メイトゥアンは２０１８年に香港証券取引所に上場を果たしました。２０２０年5月末現在の時価総額は1000億ドル超で、約4億5000万人のアクティブユーザーを抱えています。ユーザーの胃袋を掴んで、アリババ、テンセントに次ぐ中国第3位のプラットフォーマーに成長したのです。

共同購入サイトからフードデリバリーへ

メイトゥアンは2010年の創業です。当時創業ブームだった共同購入サイトとしてスタートしました。中国では「千団大戦」と表現されていますが、当時は共同購入サイトの戦国時代で、数十社の有力プレイヤーが犇《ひし》めいていました。メイトゥアンは広告費を抑え、コストを削減することで安価なサービスを提供しユーザーを拡大し、「千団大戦」を勝ち抜きました。

一方で、メイトゥアンは共同購入サイトを主事業としながら、大きな成長を目標に、その戦略を模索しました。そして、インターネットと生活関連サービスとの融合を見据え、共同購入サイトに留まらず、約100の都市で、実店舗のデジタル化を支援することで、事業の拡大を試みました。デジタル化すれば、支援した実店舗がメイトゥアンのエコシステムに参画できるようになるからです。

共同購入サイトの大手となったメイトゥアンは、２０１３年に「美団外売」のサービスを開始し、フードデリバリービジネスに参入しました。先行事業者のウーラマと「バイドゥ外売」を相手に三つ巴の激しい競争となりましたが、後発のメイトゥアンは、約１００都市で実店舗のデジタル化を支援した実績を基盤に、「美団外売」の対象都市を拡大する戦略でライバルとの競争を勝ち抜きました。２０１７年にバイドゥは「バイドゥ外売」をウーラマに売却し、２０１８年にウーラマはアリババに買収されています。

さらに、２０１５年には飲食店などの口コミサイト「大衆点評」と合併し、事業の中心は共同購入サイトから、フードデリバリーへと移行していきます。背景には共同購入サイトのビジネスモデルが後退したこともありました。現在では、フードデリバリー事業はメイトゥアンの主事業に成長し、フードデリバリー市場のシェア６割を占め、３割の「ウーラマ」に大きく水をあけ最大手の座に君臨しています。大衆点評との合併により、社名は美団点評に変更されましたが、社名をシンプルにするため２０２０年にメイトゥアン（美団）の名称に戻しています。

生活関連プラットフォームで「打倒アリババ」

4億5000万人のアクティブユーザーを抱えるメイトゥアンですが、その大部分は都市部の若い世代に集中しています。そのため、地方都市と中高年世代への浸透は課題でもあり、同時に、チャンスでもあります。地方都市と中高年世代の浸透という課題克服のため、メイトゥアンはオンラインとオフラインを融合したOMO（Online Merges with Offline）プラットフォームを目指す戦略を明確にしています。オンラインで注文するフードデリバリーのサイトのユーザーをレストランへ誘導したり、反対にレストランが提供する食事を、オンラインでデリバリーしたりといった戦略です。ネット（デジタル）とリアルの融合という観点からは、前述したアリババのニューリテール戦略と本質的には同じです。

フードデリバリー最大手の座を手にしたメイトゥアンは、食をベースとしながら生活関連のあらゆるジャンルにサービス網を拡大し、生活関連サービスに参入してきたアリババの打倒を喫緊の目標にしています。

前述の通り、飲食店の検索・口コミ・予約、映画館や遊園地のチケット販売、ホテルや民泊の検索・予約、買い物代行サービス、生鮮食品ECなどが、メイトゥアンが手掛ける生活関連サービスです。新型コロナウイルス対策として、非接触配送のサービスも始めました。

アリババとの攻防は熾烈を極めています。過去にはアリババからの投資を受け、経営の主導権を奪われそうになった経緯もあります。メイトゥアンはテンセントとの連携でその危機を乗り越えました。テンセントはメイトゥアンの筆頭株主となり、「微信」のユーザーをメイトゥアンのサービスに誘導しています。

一方のアリババはウーラマを買収し、自前の口コミサービスである「口碑」と統合し、口コミサイトとデリバリーサービスをリンクさせたサービスを開始しました。さらに、アリババの最強のツールである「アリペイ」と生活関連サービスを関連付けることで、「アリペイ」を生活関連サービスのプラットフォームにすることをもくろんでいます。狙いは、もちろん、メイトゥアンの牙城を崩すことです。

メイトゥアンはアリババの攻勢に対し、自社アプリから「アリペイ」を排除することで対抗しています。生活関連サービスをめぐる両社の熾烈な戦いは当分続きそうです。

新機軸は位置情報サービス

メイトゥアンは2018年に自転車シェアリングサービスの「摩拝単車」を買収し、多くの人を驚かせました。が、メイトゥアンにとっては、新たな戦略を踏まえた用意周到のアクションで、それにより新たな事業戦略が明らかになりました。位置情報サービスを加えて生活関連サービスを拡大しようとする戦略です。

位置情報サービスとは、ユーザーの位置情報に基づいて提供するさまざまなサービスです。メイトゥアンは「到店（実店舗）」「到家（自宅）」「旅行先」「出行（移動）」の4つのシーンを想定して、新たなサービスの提供に力を入れています。

例えば、「到店」では、モバイルバッテリーのシェアリングサービスを始めました。都市部を中心に、自社のプラットフォームに出店している企業の実店舗でサービスを提供しています。「出行」は新たな領域です。「摩拝単車」の買収はその一環です。タクシーの配車サービスも開始しています。

メイトゥアンのビジネス理念は、目先の収益に目を奪われることなく、長期的な視野を持って戦略を打ち立てることにあります。共同購入サイトが主事業だった時代に、広告費を抑えて安価なサービスで地道にユーザーを拡大したのも、オンラインとオフラインの融合を見据えて実店舗のデジタル化を支援したのも、その理念の表れです。位置情報サービスも同じです。現時点では収益性より、長期的な視野に立ち、メイトゥアンが目指す生活関連プラットフォームの影響力を拡大し、自社のブランド力を高めることを目的としています。

7. 無印主義のハードウェア――シャオミ（小米）

社名の由来はお粥

安価なスマートフォンの製造で急成長を遂げたシャオミは2010年創業の新興企業です。創業者の雷軍・会長兼CEOは、中国のネットセキュリティ最大手のキングソフト（金山軟件）の元CEOです。キングソフトの上場で得た資産で、「新しいアイディアの実現で夢を追いかけよう」との思いからシャオミを設立したそうです。創業メンバーと小米粥（粟粥）を食べながら、設立準備をすることが多かったのが社名の由来です。

シャオミは米アップル社のiPhoneを手本に、安価でコストパフォーマンスのよいスマートフォンの開発から事業をスタートさせました。部品サプライヤーや生産チェーンの整備など、多くの苦労を伴った紆余曲折を経て、売価1万円以下のスマートフォンを大ヒットさせました。シャオミが世に送り出した安価なスマートフォンは、中国でのスマートフォンの普及と、デジタルライフの進展にも大きく貢献しました。

利益率5％以下

シャオミは「無印主義」を標榜し、「シンプルなデザイン」「高品質」「リーズナブルな価格」を自社製品の特徴としています。そこは、お手本にしたアップル社の製品との大きな違いです。機能性とコストパフォーマンスをアピールする戦略で、中国のスマートフォン市場の激戦を勝ち抜きつつ、国外市場でのシェアも拡大していきました。現在では出荷台数で世界シェア4位の位置にあります。

２０１８年に香港証券取引所に上場しました。株価は低迷していますが、その原因は経営不振ではなく、「誠実な価格設定でより良い製品を提供する」という経営哲学にあります。雷軍CEOは「シャオミのハードウェアの利益率は5％以下」と宣言し、その原則を守り続けているのです。

スマートフォンメーカーとして大きく成長を遂げたシャオミは、事業の多角化に乗り出しています。スマートフォンに加え、テレビ、洗濯機、空気清浄機などの家電の製造、さらにはフィンテック、広告、ゲームなどのインターネット関連サービスにも参入し、事業の主軸に据えています。

ファンの支えで成長

シャオミの急成長の原動力は安価な価格設定にありますが、それを熱烈に支持した熱狂的な〝ファン〟の存在も急成長の支えとなりました。

シャオミは莫大な資金を投入するマーケティング戦略ではなく、〝シャオミファン〟を増やしていく戦略でシェアを拡大していきました。ファンコミュニティ「MIUI」を開設し、そこを窓口としてユーザー参加型の開発を目指したのです。「ファン」から寄せられる改善点や搭載してほしい機能などの意見を聞き入れ、品質向上につなげました。

シャオミが「Xiaomi」のMをシンボル文字としていることは前述しましたが、「MIUI」

に参加するファンは「米粉」と呼ばれています。因みに「米」は中国語で「Ｍｉ」と発音します。熱烈な支持者を囲い込みシェア拡大の支えとする戦略は奏功し、２０１９年末現在で「ＭＩＵＩ」の登録者は３億人を突破しています。

ファン獲得には、雷軍ＣＥＯのキャラクターも一役買っています。雷軍ＣＥＯはアップルの創業者スティーブ・ジョブズ氏の大ファンを自任し、iPhoneだけでなく、ジョブズ流の経営やプレゼンもお手本としてきました。製品発表会には、ジョブズ氏を彷彿させるＴシャツとジーンズ姿で登場し、中国では「中国のジョブズ」と呼ばれるほどイメージは定着しました。実際、シャオミファンには、雷軍ＣＥＯの経営手腕や人間的な魅力に惹かれ「ＭＩＵＩ」のメンバーになった人も少なくないといいます。

「5G＋AIoT」戦略

『２０２０年は５Ｇビジネス元年となり、『５Ｇ＋ＡＩｏＴ」戦略をさらに推進する重要な年になる』――

２０２０年初頭にシャオミの公式サイトで公開された雷軍ＣＥＯの新年のメッセージは注目を集めました。シャオミは２０２０年からの５年間で、この戦略に５００億元（約

8000億円）の資金を投じる計画を明らかにし、すでに動き出しています。

AIoTとは、AIとIoTを組み合わせた造語です。あらゆる「モノ」をインターネットに接続（IoT）して情報をやり取りするだけでなく、AIの学習機能で「モノ」の性能を高めるシステムです。

シャオミの「5G＋AIoT」は、AIを搭載したスマート家電をはじめとする多くのモノ（ハードウェア）を、5G対応デバイスを通してつなげ、包括的なサービスを展開する戦略です。

シャオミはすでに、ウェアラブル製品やスマートテレビ、スマートスピーカーなど、AIを搭載した5G対応型の目玉商品を相次いで販売しています。最先端のハードウェアの利用体験を通して、スマートライフに対する需要を押し上げるのが狙いです。5G時代の到来を追い風に、シャオミは「5G＋AIoT」戦略でさらなる成長を目指しているのです。

抱団取暖——シャオミエコシステム

中国には「抱団取暖」という言葉があります。寒い時に抱き合って互いの体温で温め合うことですが、転じて、ウィンウィンの関係であることを意味します。

シャオミのビジネス戦略では、「抱団取暖」の精神でさまざまな業種のパートナー企業を抱える「エコシステム」の構築が特徴的です。自社のリソースだけでは限界があるため、さまざまな業種のパートナー企業と連携し、ユーザーがシャオミのデバイスを使い、シャオミのコンテンツを楽しみ、シャオミのショッピングサイトで消費するといったシャオミエコシステムを確立しているのです。

シャオミは投資と支援により、パートナー企業を育成してきました。投資する際には二つの原則があります。一つは、無名だけれど技術力を持つ企業への投資です。投資したパートナー企業の製品は、シャオミブランドで、シャオミの流通経路に乗せて販売し、シャオミエコシステムに組み込んでいます。

もう一つは、株式の取得は10％以下に留め、投資先の経営権を保証することです。シャオミはこれまでＩｏＴやスマートライフ関連分野の２７０超の企業に投資しています。中には上場を果たした企業もあります。スマートバンドを開発したファーミ（華米）とモバイルバッテリーのズイミ（紫米）は中国ではよく知られていますが、いずれも製品はシャオミブランドで販売しています。

２０１９年秋に日本に上陸したシャオミブランドのロボット掃除機「ロボロック６Ｓ」

を開発したのは、2014年設立でシャオミエコシステムの一員のロボット掃除機メーカーロボロック（石頭世紀科技、以下石頭）です。石頭は設立当初からシャオミの出資を受けてシャオミエコシステムの一員となり、自社開発製造のロボット掃除機をシャオミブランドで販売していました。

石頭のロボット掃除機は高品質と安価な価格設定に加え、シャオミブランドの知名度と、シャオミのオンライン、オフラインの流通経路に乗ってシェアを拡大し、ロボット掃除機分野では国内2位にまで成長しました。現在では自社ブランドの製品も販売しており、2020年2月には上海科創板に上場しました。

スーツケースを製造する生活消費関連企業ルンミ（潤米）もシャオミエコシステムの一員です。2015年に上海に設立された新興企業ですが、同社が開発したスーツケースのブランド「90分」は、短期間で中国スーツケース市場のシェアトップに上り詰めました。

ルンミは国外の有名ブランドの受託生産から出発し製造ノウハウを培い、シャオミエコシステムのメンバー企業となって以降、自社オリジナル製品の開発・製造と、ブランド力の向上に注力してきました。「90分」は、シャオミのシンプルなデザインコンセプトを継承し、指紋認証による解錠などのハイテク機能とファッション性で若年層やビジネスパーソンから高い人気を博しています。

二つの事例を見てきましたが、シャオミの投資を受けたシャオミエコシステムのパートナー企業の多くは、シャオミのブランド力とチャネル（流通経路）を活かし、急成長しています。同時に、シャオミエコシステムの拡充により、スマート家電や生活消費関連製品など、多種多様なシャオミブランドの製品が世に送り出されています。シャオミとパートナー企業はまさに「抱団取暖」の関係にあります。

２０２０年８月、雷軍ＣＥＯは「シャオミ設立10周年記念講演」を行い、10年を振り返るとともに、次の10年の抱負を述べました。キーワードは「一往無前」です。今後も、起業精神を忘れず、失敗を恐れずに前に進むとの決意の表明でした。

8. ウーバーを追い出した――ディディチューシン（滴滴出行）

D・D・iの誕生

ディディチューシン（滴滴出行、以下DiDi）はライドシェアの中国最大手企業で、世界で5億5000万人以上のユーザーにライドシェアサービスを提供しています。未上場ですが、2020年6月現在で評価額が560億ドル（約6兆円）に上る有力企業です。

ライドシェアリングは、自動車の相乗り需要をマッチングさせるソーシャルサービスの総称です。日本では馴染みがありませんが、海外ではかなり普及しています。一言で「相乗り」と言っても、意味は広義でさまざまな形態があります。DiDiは中国人の「行（交通サービス）」に関連するあらゆるニーズに対応するため、タクシー配車、タクシー・自家用車の相乗り、自家用車を利用した配車、ビジネス向けハイヤーの配車、運転代行、自転車シェアリングなどのサービスを提供しています。

DiDiは2015年に、ライドシェアのディディ（滴滴）とクレディ（快的）が合併して誕生した企業です。程維CEOはディディの創業者でアリババの出身です。タクシーの配車待ちに時間を浪費してしまった経験が起業のきっかけだったといい、2012年秋に、タクシー会社と利用者をマッチングするアプリケーションを開発し、「ディディ」というサービス名でリリースしました。

ディディの創業当時、クレディもすでに同じビジネスモデルで事業を展開していました。両社はユーザーの獲得競争に火花を散らし、2014年にはアプリ利用者とタクシードライバーへの奨励金支給合戦を繰り広げました。奨励金とは、アプリの利用者とタクシードライバーに料金を還元する仕組みです。アプリを使ってタクシーを利用したユーザーには料金の半額を、ドライバーには料金の一部を還元するという熾烈な争いで、両社ともに10億元(約160億円)以上の資金を投入しました。

ディディはテンセントや機関投資家から、クレディはアリババや機関投資家から支援を受けたため、両社の競争はテンセント対アリババ、さらにはそれぞれに投資した機関投資家同士の戦いの様相も呈しました。

資金力に物を言わせたなりふり構わない競争を、中国では「燃銭」と呼びますが、この厳しい競争は思わぬ副産物をもたらしました。ディディとクレディの配車アプリの普及だけでなく、決済に利用する「アリペイ」や「ウィーチャットペイ」の急速な普及を後押しすることになったのです。アリババとテンセントの投資は、それを見据えてのことでした。

けれども、「燃銭」に疲れ果てた両社は、２０１４年に中国に進出したウーバーという〝外敵〟の登場にも直面し、戦略的合併の道を探ります。そして、２０１５年に合意に至りディディチューシンが誕生したのです。

「燃銭」に終止符を打ったＤｉＤｉは、サービス提供都市を拡大し、市場シェアを拡大するとともに、タクシー配車だけではなく、さまざまな形態のライドシェアに事業を展開していきました。中国という巨大な市場で大きなシェアを獲得し、そのビジネスモデルが評価されたＤｉＤｉには、将来の上場を見据え、アップルなど世界中の企業や投資家から投資が殺到し、一躍、資本市場の寵児となりました。その勢いに乗り、２０１６年にはウーバーの中国事業を買収し、中国最大の配車サービス企業の地位を手にしました。

ディディとクレディとの合併やアップルからの投資獲得に中心的な役割を果たしたのは、ディディのＣＯＯだった柳青氏です。彼女は大手パソコンメーカーレノボ（聯想）創業家の出身で、２００８年に30歳の若さでゴールドマン・サックスのアジア太平洋地域責任者に抜擢された才媛です。中国でのライドシェア分野の成長の可能性を見て取り、２０１４年夏にディディに転じました。ゴールドマン・サックスでの経験と豊富な人脈を持つ彼女は、現在もＤｉＤｉにとって欠かせない存在です。

王者の危機

ＤｉＤｉは現在、約１１７０万人の登録ドライバーを抱え、国内４００を超える都市でサービスを提供しています。自他ともに認める中国ライドシェアの王者ですが、その王者にも危機が訪れたことがあります。

ＤｉＤｉの主力事業の一つに、タクシーや自家用車の相乗りマッチングサービス「順風車」があります。タクシー料金の3割から5割程度で利用できる価格で人気です。しかし、２０１８年に、「順風車」の登録ドライバーが乗客の女性を殺害するという事件が2件も発生してしまったのです。ＤｉＤｉは監督責任を厳しく批判されました。

2件目の事件発生後、ＤｉＤｉはただちに「順風車」のサービスを停止し、登録ドライバーや社内の管理体制の強化などに取り組み、信頼回復に向けて、安全とコンプライアンスを前面に掲げる姿勢を示しました。

1年以上のサービス停止期間を経て、２０１９年秋から「順風車」のサービスを一部の都市で再開し、危機をなんとか乗り越えることができました。一方、停止期間中にライバル企業が台頭し、激しいシェア争いを繰り広げました。サービス停止中に奪われたシェアを、停止以前の水準に取り戻すことは大きな課題です。

危機を乗り越えたＤｉＤｉは失地回復のため、新たな事業展開を模索しています。その一つは自動運転技術です。２０１６年に自動運転事業部を設置し、研究開発に着手していたＤｉＤｉは２０１９年に事業部を子会社化し、ソフトバンク・ビジョン・ファンドから5億ドル超の投資を受け、開発を加速しました。

地図サービス事業への参入も模索しています。これまで利用していた地図サービス大手の「高徳地図」が配車サービスに参入したことへの対抗策でもありますが、他社の地図サービスを利用すると手数料を支払わなければならないため、自社開発へとシフトしたのです。

２０２０年には、新型コロナウイルスの感染拡大で、配車ビジネスは大きな打撃を受けました。それを契機に、ＤｉＤｉは登録ドライバーを活用する買い物代行サービスを始めました。ユーザーはアプリを使って買い物代行を依頼でき、料金はタクシー同様、距離に基づいて設定されています。

新サービスの狙いは二つです。一つは、登録ドライバーの収入を確保し、ドライバーの流出を防ぐことで、もう一つは、消費者の生活支援となる買い物代行を足掛かりに、生活消費関連サービス分野へ進出することです。

生活消費関連サービス分野には、「メイトゥアン」という巨人が君臨しています。買い物代行サービスは、ＤｉＤｉが「メイトゥアン」の〝領地〟に侵入し始めたことを意味します。一方、「メイトゥアン」の節に記述した通り、「メイトゥアン」は事業拡大の一環として配車サービスに乗り出しています。つまり、両社は互いの領地に入り合い戦端を開いたわけですが、どちらも、相手の牙城を崩すまで成長することはないと推測されます。

「0188」──新天地を求める

２０２０年4月、ＤｉＤｉは新たな3カ年計画「０１８８」を発表しました。暗号のような名称ですが、数字にはそれぞれ意味があります。「０」は「ゼロからの出発」つまり、再スタートの意味です。「1」は「1億件」の「1」で、全世界で1日当たりの平均受注数を現在の約２４００万件から1億件に増加させる数値目標です。「8」も数値目標で、最初の「8」は中国のモビリティ関連全領域のシェア「8％」、後の「8」は世界の月間アクティブユーザー数「8億」という野心的な目標です。

「０１８８」はライドシェア中国最大手の地位を維持しながら、国外に新天地を求めようとする企業意志の表明です。ウーバーを中国から追い出したＤｉＤｉは、今後は世界規模でウーバーと対峙しようとしています。

国外進出は三つのチャネルで進めています。現地法人を設立する直接進出、現地の同分野のプレイヤーへの投資、現地企業との合弁会社の設立の三つです。すでに、ラテンアメリカに進出し、米国のＬｙｆｔ社と、東南アジアのＧｒａｂ社への投資を実行しています。

日本では、２０１８年夏にソフトバンクとの合弁会社「ＤｉＤｉモビリティジャパン」を設立し、タクシーのパートナー企業と提携し配車サービスを開始しました。一時は、25都道府県にまでサービスは拡大しましたが、黒字化には苦戦を強いられている模様で、加えて、新型コロナウイルスの影響もあり、２０２０年7月から北海道や沖縄県の観光地を含めた11の地域でサービスを停止しました。

ＤｉＤｉの国外ビジネスは思惑通りに成功するのか否か。その判断には、もう少し時間がかかりそうです。

9．SNS型EC「PDD」——上海尋夢信息技術

総合型プラットフォームを脅かす

ここ十数年、中国ではECプラットフォームの興亡が繰り返されています。アリババの「Tモール」やジンドンの「京東商城」のような総合型プラットフォームが成長を続ける一方、書籍専門の「当当網」といった専門型プラットフォームは軒並み苦戦を強いられてきました。直近では、外資系プラットフォームの凋落が顕著です。世界最大手のアマゾンは中国人消費者の嗜好に合ったサービスを提供できず、中国市場からの退場を余儀なくされました。

そうした趨勢の中、中国では「社交電商」と呼ばれるSNS型ECのプラットフォームが急成長を続けています。「社交」はSNS、「電商」はECの意味です。SNS型ECとは、SNSとECを融合させ、SNSで情報共有された商品を購入につなげるビジネスモデルで、SNSユーザーの拡大とともに成長し、総合型プラットフォームを脅かしつつあります。

その代表格が2015年に上海で設立された上海尋夢信息技術が運営するPDDです。同社は低価格を武器に成長し、設立僅か3年で米ナスダックへの上場を果たしました。2020年10月現在の時価総額は約863億ドルで、アリババ、テンセント、メイトゥアンに次ぐ、中国第4位のネット企業に成長しました。

PDDの生みの親

SNS最大手のテンセントが2015年にEC事業から撤退したことは前述しましたが、PDDがSNS型ECの基盤としているSNSはテンセントが提供する国民的アプリ「微信」です。PDDが第三者サービスとして「微信」に組み込まれ、「微信」からPDDのサイトに飛び、ECを利用することができるのです。

PDDのECを利用する「微信」ユーザーには二つの特典があります。友人との共同購入で割引が受けられる特典と、購入を希望する商品を友達コミュニティに投稿し基準以上の「いいね」をもらうとディスカウントされる特典です。もちろん、どちらもPDDにもメリットがあります。共同購入は販売促進につながり、商品情報の拡散には宣伝効果があるからです。

ＰＤＤの成長エンジンは、世界に12億人という膨大なユーザーを抱える「微信」であり、テンセントはＰＤＤを育てる母です。実際に、上海尋夢信息技術創業者で前ＣＥＯの黄峥会長は、テンセントの起業家支援プログラムの出身者です。

テンセントは２０１５年に起業家トレーニングと起業家支援のプラットフォーム「青騰大学」を設置しました。起業に関する情報を提供し、かつ、テンセントが支援する起業家を育成したり、投資先を選定したりする場となっています。

黄峥前ＣＥＯは１９８０年の生まれで、中国の難関大学浙江大学ＯＢで、米国留学とグーグル勤務の経験を持つ帰国エリートです。上海尋夢信息技術設立後の２０１６年に「青騰大学」の起業家トレーニングプログラムに参加し、テンセントからの出資を勝ち取りました。ＳＮＳ型ＥＣという新しいビジネスモデルは消費者に支持され、短期間で中国ＥＣ御三家の一角といわれるまでに成長しました。

もちろん、テンセントの〝別動隊〟としてビジネス戦略に組み込まれているという側面は否定できません。テンセントはアリババとの正面対決を避けるためＥＣ事業から撤退しましたが、その一方で、ＰＤＤを運営する上海尋夢信息技術やジンドンなどのＥＣプラットフォーマーに投資し、自社のユーザーをそのプラットフォームに誘導し、間接的に利益を得る戦略をとっているのです。

ターゲットは低所得層、武器はC2M

ＰＤＤの商品の魅力は低価格とＣ２Ｍにあります。ＳＮＳ型ＥＣという新しいビジネスモデルではありますが、ＰＤＤが後発ＥＣであることに違いはありません。そのため、ＥＣユーザーの空白地だった地方の低所得層にターゲットを絞り、低価格路線で市場を開拓する戦略を取りました。

２０２０年の全国人民代表大会の閉会後、「６億人は月収１０００元（約１万５０００円）」程度と明言した李克強首相の記者会見が波紋を呼びました。６億人は人口のおよそ４割です。けれど、これは中国の〝不都合な真実〟ではなく現実です。富裕層と中間所得層は確実に増えていますが、置き去りにされた多くの低所得層がいることも現実です。ＰＤＤはこの現実を直視し、それをビジネスチャンスとしたのです。

もっとも、低価格だけでは中国の消費者を満足させ支持を得ることはできません。そのため、ＰＤＤが取った戦略がＣ２Ｍです。ＰＤＤのＣ２Ｍについては第2章に記した通りです。

新たなユーザー争奪戦

繰り返しになりますが、中国のインターネット人口は8億人を超えています。成長の余地は残されているものの、成長のペースは明らかに鈍化しています。それに伴い、新規ユーザーの獲得コストは上昇を続けています。ユーザー獲得コストとは、新規ユーザー１人を得るために必要なマーケティング費用のことです。２０１８年と２０１９年のデータを比較すると、ＰＤＤは60元から１０９元に、アリババの各ＥＣサイトの平均は１４５元から１８７元にまで増加しています。１元は約16円です。

新規ユーザー獲得のため、ＥＣ各社は、「独身の日」のビッグセールに参戦するなど、ユーザー争奪戦に鎬を削っています。さらに、地方の低所得層をターゲットにしたＰＤＤの成功に触発され、ＥＣの主戦場は北京や上海などの大都市から、中小都市や地方に拡大しつつあります。

アリババやジンドンも熾烈なユーザー獲得戦争と無縁ではありません。共同購入システムや低価格で成功したＰＤＤに対抗するため、アリババは傘下の共同購入サービス「聚划算」を強化しています。また、ジンドンは２０１９年秋に低価格な製品を販売するマーケットプレイス「京喜」を立ち上げました。

低価格競争の他、サービス向上競争も激化しています。ジンドンは倉庫の自動化や物流の効率化により受注から配送までの時間を短縮しました。また、前述の通り、アリババの「Tモール」はARを活用した洋服の試着サービスを導入し人気を得ています。PDDも物流インフラの整備に注力しています。先端技術の導入によるサービス向上合戦が今後も繰り広げられることは間違いありません。

中国EC業界の地殻変動は、モノの売り方と買い方のダイナミックな変化を映す鏡です。SNS型ECというビジネスモデルで地殻変動を起こしたPDDは、持続的成長に向け、戦略の再構築を急いでいます。

第4章

中国デジタル革命の陰

ここまで、中国デジタル革命の実相とその変化、そして、デジタル革命を牽引してきたテック企業の実態を明らかにしてきました。

本章では、プラットフォーマーの新たな市場独占やプライバシーの問題をめぐる世論の分断、信用社会の構築など、デジタル革命の進展とともに浮上している問題や課題について考え、中国の今後を占います。

結論を先に述べれば、経済成長の鈍化が不可避な中国は、今後、社会経済のデジタル化により、より安全で安心な社会の構築を最優先の目標にしながら、対外的な開放を拡大していく方針をとると考えられます。

1. デジタル化がもたらす新たな独占

プラットフォーマーの「一人勝ち」

前述の通り、インターネットビジネスにはネットワーク効果（外部性）が働きます。つまり、ネットのプラットフォームは、ユーザーが増えれば増えるほど利便性やサービスの価値が向上します。一方、ユーザー獲得のために効果的な戦略は、ワンストップで多種多様なサービスを提供することです。

プラットフォーマーの典型的なビジネスモデルは、サービスを向上させてユーザーを拡大し、そのユーザーを囲い込んで需要を確保するエコシステムの構築です。多様なサービスを提供してサービスを向上させるため、プラットフォーマーは自社のプラットフォームに参加するプレイヤーが恩恵を受けられる仕組みを構築してサプライヤーの参加を促しています。

こうしたエコシステムにはスケールメリットがあるため、プラットフォームは巨大化し続ける傾向があります。そのため、ある一つのプラットフォームが優位性の確立に成功すれば、「一人勝ち」しやすくなります。これがプラットフォームビジネスの大きな特徴です。

その典型がＧＡＦＡ（グーグル、アップル、フェイスブック、アマゾンの総称）です。それぞれの分野で急成長し一人勝ちし、市場を独占しています。２０２０年8月末現在で、米アップルの時価総額は2兆ドル（約２１２兆円）を突破しました。ＧＡＦＡ４社の時価総額合計約５・８兆ドル（約６１５兆円）は、日本のＧＤＰを超える規模です。

際限なく巨大化するＧＡＦＡに対する警戒感は高まり、近年、欧米諸国政府は市場独占やセキュリティを問題視し、規制を強めようとしています。また、個人情報の収集法と活用法に不正はないか、プライバシー侵害はないかに関する調査も始まっています。

米国では、２０２０年7月末に反トラスト法（独占禁止法）違反の調査で、ＧＡＦＡのトップが初めてそろって議会の公聴会で証言しました。４社ともビジネス活動の正当性を主張しましたが、独占的な力を持つ強い立場を不正に利用した疑いは払拭されていません。

規制か緩和か——中国当局のジレンマ

中国の多くのテック企業は経済成長や巨大な国内市場を背景に、国内企業に有利な規制を生かして成長しました。その結果、アリババ（阿里巴巴）やテンセント（騰訊）などは巨大化し、国内では圧倒的なスケールと影響力を持っています。これらの巨大プラットフォーマーは中国の経済社会のデジタルシフトを牽引する一方で、市場独占の弊害が顕在化してきました。

２０１０年頃、セキュリティソフトで知られるチーフー３６０（奇虎３６０）社は、テンセントのメッセンジャーサービス「ＱＱ」がユーザーのプライバシーを侵害していると指摘しました。これに対し、テンセントはチーフー３６０のセキュリティソフトがインストールされているパソコンへの「ＱＱ」の登録を禁止し、市場独占力を背景にユーザーに二者択一を迫りました。

しかし、その後、テンセントは競争相手や敵対勢力を自社のエコシステムから排除するクローズ戦略から、オープン戦略へと舵を切りました。その象徴が「ウィーチャット（微信）」の開発でした。第3章に詳述した通り、「ウィーチャット」は、他社サービスとのリンケージを充実させ、そのエコシステムを多くのプレイヤーが利用できるようにしています。

ところが、２０１８年には、再び、排除行動もみられました。これも第3章に詳述した「頭騰大戦」です。「ティックトック（抖音）」の大成功で脅威となったバイトダンス（字節跳動）との攻防の中で、テンセントは「ウィーチャット」で「ティックトック」の動画を共有できなくする排除措置を取ったのです。この措置は強い批判を受け、その後、撤回に追いやられています。

独占の弊害の事例はＥＣ業界にもあります。中国では２０１９年1月1日に「電子商取引法」が施行されました。ＥＣ業界のガバナンスを強化し、不正競争や独占的な慣行を規制する法律です。

しかし、大手プラットフォーマーに行動変容はみられませんでした。毎年恒例の「独身の日」の大セールでは、その年も慣例通り大手プラットフォーマーは他のプラットフォームに出店する業者を排除していました。これに対し、国家市場監督管理総局はアリババやジンドン（京東）という大手ＥＣプラットフォーマーに、出店業者の他社との取引を制限することは法律違反だと警告しました。

国家の保護を受けている国有企業とは違って、大手プラットフォーマーは激しい競争を勝ち抜いて現在の地位を確立し、中国経済の新たな成長のエンジンとなりました。しかし、一方で、巨大になりすぎて「一人勝ち」し、市場独占という弊害を生んでいます。

２０１９年の夏に中国政府は「プラットフォーム経済の規範的、健全な発展の促進に関する指導意見」を打ち出しました。プラットフォームビジネスのさらなる発展に注力しながら、業界全体の健全な発展を重視するのが原則です。

第1章に記述した通り、中国政府は緩い規制によってデジタル産業の成長を後押ししてきました。規制を最小限に留めることが新たなイノベーションの創出につながると考えたためです。

一方、第3章に記した通り、バイドゥ（百度）のブランド危機の原因となった検索結果に対する監視機能の脆弱性や、ディディチューシン（滴滴出行）で相次いだ殺人事件で詳らかになった安全性の問題などは、デジタル時代にも適切な規制が必要なことを浮き彫りにしました。

雇用や消費に貢献し中国経済にとって不可欠なエンジンに成長した巨大プラットフォーマーに対する規制を強化すべきか否か、中国政府はそのジレンマに直面しています。

2. プライバシー問題をめぐる世論の分断

テクノロジーの進歩は「両刃の剣」

テクノロジーの進歩は人間を幸福にするのか否か――。これは、産業革命以降、繰り返し問い続けられてきた正解のない問いです。楽観主義者はテクノロジーがもたらす明るい未来を信じ、悲観主義者は予期せぬ悪影響を恐れます。それはテクノロジーが内包する二面性に他ならず、テクノロジーは破壊と創造を併せ持つ「両刃の剣」だということです。

歴史を紐解けば、産業革命では技術革新によって労働生産性が上昇しましたが、一方で、大量の失業者を生みました。当時、機械に仕事を奪われた労働者が機械の破壊運動を起こし、社会は混乱しました。

今、まさに私たちの社会が直面しつつあるＡＩ技術に関しても、同じ議論が繰り返されています。多くの研究機関やシンクタンクがＡＩによる経済成長の規模を試算し、希望のある未来の姿を喧伝する一方で、多くの人はＡＩが仕事を奪ってしまうのではないかと懸念しています。さらに、政治による不正利用を危惧する人もいます。

データ活用かプライバシー保護か

デジタル経済では、富の源泉はモノではなく情報（データ）です。データの経済的価値に対する認識は高まっており、ビッグデータを活用して新たなニーズを発見し、新たな価値を生み出そうという動きが活発です。一方で、ビッグデータの蓄積と活用による人々のプライバシーの侵害への懸念は高まるばかりです。個人情報の保護は世界共通の重要課題で、欧米を中心に個人情報の保護を強化する規制の動きが強まっています。

ＥＵは２０１８年5月にＧＤＰＲ（一般データ保護規則）を実施し、個人データ保護の強化対策に乗り出しました。また、米国カリフォルニア州は２０２０年1月に米国版ＧＤＰＲともいわれるＣＣＰＡ（カリフォルニア州消費者プライバシー法）を施行しました。ＣＣＰＡが対象とするデータは、生体や教育に関する情報から、ブラウザの閲覧履歴、アプリケーションの操作履歴、購入履歴まで広範囲にわたっています。

中国では緩いデータ保護規制のままデジタル技術が進展を遂げ、ここ十数年間で膨大な個人データが蓄積されました。そして、広範囲でそのデータが活用され、さまざまなサービスが誕生しています。しかし、一方で、個人情報保護の意識は高まり、中国社会はプライバシー保護の問題をめぐり世論が割れています。

2018年3月に北京で開催された「中国発展ハイレベルフォーラム」で、バイドゥの李彦宏CEOは「中国人はオープンで、便利さを得るためにプライバシーを犠牲にしてもいい」と発言し物議を醸しました。発言をめぐり、中国社会の現実を認め李CEOの発言に賛同する人々と、個人情報の保護に努めるべき大手IT企業トップの「失言」を批判する人々との間で論争が起きました。

教育現場でも個人情報保護の問題は人々の対立を生んでいます。顔認証技術を活用して授業中の学生を観察し、授業への集中度合いを判断することに対し、賛否をめぐる激しい対立が起こったのです。

2019年8月末には、人気の顔交換アプリケーション「ZAO」の利用規約に批判が殺到しました。ZAOは顔写真を登録すると、ドラマや映画の指定した登場人物の顔と入れ替えることができる無料アプリで、リリース直後から話題が沸騰しダウンロードが殺到しました。

しかし、利用規約に「データの取り消しは不可能で、(データの使用権は)譲渡可能な形でZAO側に帰属する」とあるという情報が拡散し、ユーザーに不安が広がりました。監督官庁の中国工業・情報化部が規約修正を要請するほどの騒動になりました。アプリのリリース直後に、プライバシーの問題で批判が殺到するのは非常に珍しいことでした。

新型コロナウイルス感染予防のために普及した健康ＱＲコード関連でも個人情報保護の議論が再燃しました。健康ＱＲコードは、「アリペイ」や「ウィーチャット」などに組み込まれた、市民の健康状態や旅行履歴、感染者との接触履歴などを管理するプログラムです。ユーザーのスマートフォンなどの画面に表示されるＱＲコードを第三者がスキャンすれば、ユーザーの健康情報を確認することができます。スキャンしなくても、ＱＲコード自体が、健康状態が良好で移動に問題のない人は緑で、7日間の隔離を要する人は黄色で、14日間の隔離を要する人は赤で表示されるため、簡単に健康状態を示すことができます。また、ＱＲコードを示せば、その場所を訪れたこととして記録され、感染者との接触追跡にも役に立つといいます。「アリペイ」、「ウィーチャット」の他にも、地方政府が独自に開発した健康ＱＲコードもあり、２０２０年3月現在で多くの都市が導入しています。

「アリペイ」や「ウィーチャット」の健康ＱＲコードは情報保護システムが比較的良好で多くの人に利用されているのに対し、地方政府が開発したコードには情報保護の規定が整備されていないといった問題が多発しました。そのため、プライバシーの問題に関する議論が再燃し、感染防止と個人情報保護の両立を求める市民の声が大きくなりました。

中国政府は個人情報保護の問題をめぐる世論の分断を無視できず、法規制のあり方を模索しています。２０２０年の全国人民代表大会では、それまで個別に存在した民事に関するさまざまな法律を一つの体系に編纂した中国初の「民法典」が成立しましたが、その中に個人情報保護に関する規制が盛り込まれました。データ収集者に個人情報を守る義務を課し、ユーザーの同意を得ずにデータを取得したり開示、活用したりすることを禁じています。中国政府は個人情報保護に関する法整備に向け、重要な一歩を踏み出したのです。

中国が目指すのは、テクノロジーがもたらす利便性と効率性を重視したデジタル社会です。が、国論を二分するほどに対立が深まった個人情報保護への懸念を払拭することも不可欠です。プライバシー保護とデータ活用のバランスを保ちつつ、デジタル政策を進めていくことが中国政府の課題です。

3. 中国式信用社会

テクノロジー依存

中国では国民の最大の関心事は政府幹部の腐敗問題ですが、それに劣らず、環境や食品の安全性への関心も高まっています。世界第2位の経済大国となった中国の人々の関心は、幸福度や質の高い生活といった、いわゆる「質の成長」にシフトしようとしているのです。多くの中国人、とりわけ経済発展が進んでいる都市部の住民が望んでいるのは安心・安全で信用のある社会の実現です。

しかし、残念なことに、近年にも、カビの生えた食材を使った学校給食や製薬会社の不正ワクチンなど、食品や医薬品の安全性を脅かす事件が発生し、国民は不信感を募らせています。

そうした事件が発生した際のメディアの報道を見ていると、テクノロジーによる問題解決への期待が高まっていることを感じます。学校給食にカビが混入していた事件の際には、給食事業者を変更しても根本的な解決にはならないと考える人々から、「すべての学校の食堂に監視カメラを設置し、食材を管理すべき」との意見が上がりました。不正ワクチンの事件の際には、「ブロックチェーンを用いてワクチンの生産過程を記録すべき」という議論が盛んでした。いずれも、企業で働く人の意識改革には期待せず、監視カメラやブロックチェーンなどといったテクノロジーで安全や信用を形成しようとする議論でした。

近年、中国でも防犯カメラが急増し、あるのが普通の光景になりつつあります。画像認識技術の進展に伴い、駅や空港、住宅地、高速道路の多くで顔認証システムが導入されています。中国の多くの都市は、渋滞がなく安全なスマートシティやセーフシティの建設に取り組んでいます。防犯やマナー向上の観点から、監視カメラの設置を支持する人々も少なくありません。実際、監視カメラの急増により、子どもの誘拐事件や行方不明の認知症高齢者の数が減っているといいます。

コネ社会から信用社会へ

中国人社会は「人情社会」と呼ばれ、縁故関係を非常に大切にする社会です。そのため、ビジネスの世界では、「中国人はコネが第一で、契約を軽視する傾向がある」との指摘を受けることがよくあります。

中国人に契約よりコネを重視する傾向が強いことに文化的背景があるのは事実ですが、他にも理由があります。中国では「信用評価」のシステムが行き届いておらず、相手を信用するには、コネに頼らざるを得ないという事情があるのです。

中国では、個人に対する信用評価の歴史は浅く、中国の中央銀行である中国人民銀行に2006年に設立された「征信中心」が最初だとされます。「征信中心」は住宅ローンやクレジットカードなどの返済履歴から個人に対する信用評価を行っています。

しかし、信用評価の対象となるのは融資実績のある人に限られ、その数は全人口の26％の約3・7億人です。融資実績のない個人、つまり、これまで銀行などからおカネを借りたり、クレジットカードを使ったりしていない人は、対象外だということです。

個人の信用評価に関しては、「征信中心」で信用評価を行っていた中国人民銀行が2015年に「個人の信用評価業務に関する通知」を公布しました。アリババ系の「ゴマ信用」やテンセント系の「テンセント征信」など民間8社に信用調査業務の準備に関する許可を与え、民間企業の個人の信用評価業務への参入を認めました。

信用評価業務に参入する民間企業は、信用評価の新たな試みを始めています。融資の返済履歴だけでなく、決済履歴やECサイトやシェアリングサービスの利用履歴などのデータを基に、個人の信用状況を分析する試みです。例えば「ゴマ信用」サービスは、アリババが所有する個人データや政府関係部門からのデータを基に、〈学歴や職歴などの属性〉〈借金返済、公共料金の支払い、交通違反などの信用記録〉〈決済アプリ残高や財産状況などの返済能力判定〉〈嗜好や消費慣習〉〈人脈〉の5分野で評価し、その結果をスコアリングしています。

さらに、2018年には政府系の中国インターネット金融協会と、前述の民間8社との共同出資で、「信聯（百行征信有限会社）」が発足し、政府から信用評価事業の認可を得ました。政府によるガバナンスの強化と各社間の情報共有が狙いだとみられます。発足後、民間8社は「信聯」のネットワークの下で信用評価事業を行っています。「信聯」には各社のノウハウと信用情報が集約されているため、信用社会の実現に向け大きな力になることが期待されています。

４．成長は今だけか？

経済成長の鈍化は不可避

既述の通り、中国経済は「改革・開放」以降、急速な成長を続けてきましたが、近年、その勢いは衰え、経済成長の鈍化が顕著です。成長率10％超の高度成長期は終え、年平均６％から７％前後の中高速成長期という新たな段階に入っています。２０１９年のＧＤＰ成長率は６・１％で、先進諸外国と比して依然として高い水準ではありますが、１９９１年以降最低の水準でした。

ＧＤＰ成長率の鈍化は今後も続くと予測されていますが、鈍化の程度は、今後の社会インフラの整備や高等教育の普及、ＩＣＴの普及などの進捗状況に左右されると思われます。

２０１９年に公表された世界銀行と中国国務院発展研究センターの共同研究『Innovative China: New Drivers of Growth（革新中国――成長の新エンジン）』は、さまざまな分野での改革の進捗の度合いにより想定される、中国の経済成長の三つのシナリオを提示しています。

図4-1：中国経済成長のシナリオ（2021～2050年）

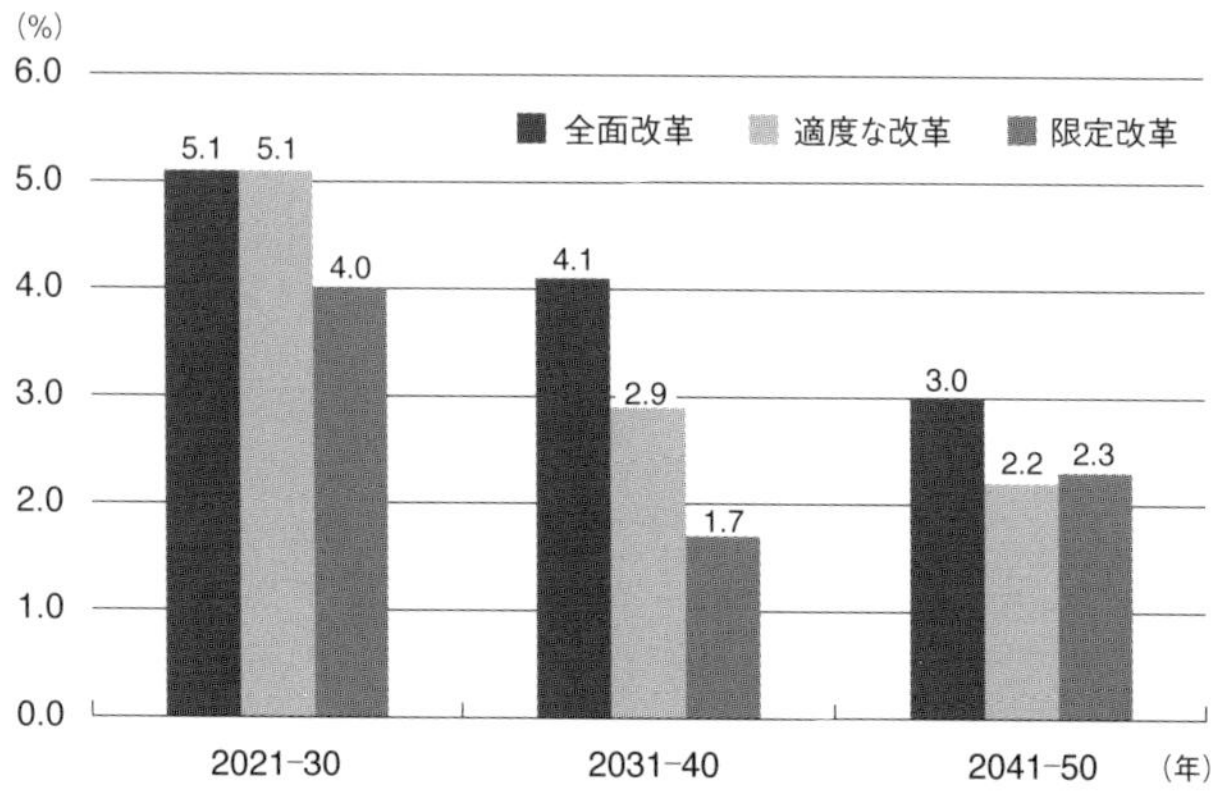

（出所）『Innovative China: New Drivers of Growth（革新中国――成長の新エンジン）』を基に著者作成

この研究では、各国の経済競争力の指標とされている世界経済フォーラムの「グローバル競争力インデックス（ＧＣＩ）」のスコアを用いて改革の進捗状況を判断し、全面改革が実現した場合、適度な改革が実施された場合、改革が限定的だった場合の三つのシナリオを想定し、それぞれの場合の２０２１年から50年までの経済成長率を予測しています。

ＧＣＩは社会インフラ、高等教育の就学率、市場競争力、ＩＣＴの利活用、技術導入の度合い、債務状況などさまざまな指標を用いて競争力を評価しています。中国の２０１８年のＧＣＩスコアは世界27位ですが、各指標に改善が見られトップ10入りを果たした場合に「全面改革が実現」、生産性の向上がみられず順位に変動がない場合は「適度な改革」、債務が拡大し順位が下降した場合は「限定的な改革」と判断します。

共同研究は２０３１–40年の成長率を、全面改革が実現した場合４・１％、適度な改革の場合２・９％、限定的改革の場合１・７％と予想しています。つまり、全面改革を実施すれば20年後も４％程度の成長は維持できる可能性があるということです。

共同研究の報告書は中国が実施すべき重要な政策として、①産業政策の調整と市場競争の促進（国有企業の改革、サービス分野の市場競争の促進）②イノベーションとデジタルエコノミーの発展の推進（研究開発の強化、データ貿易・流通の促進）③人的資本の強化（職業訓練、技術教育）④資源の配分の効率化（中小企業への資金供給の強化、戸籍制度緩和）⑤地域間発展のバランスと地方発展の統合（地域経済圏の形成、地域格差の縮小）⑥国際競争力の向上と経済のグローバル化（グローバル経済への統合）⑦ガバナンス改革（政府管理体制の透明化、財政の健全化）――の７つを指摘しています。これらの政策が堅実に実施されれば、中国の競争力は強化され、経済成長率の鈍化は最低限に抑えられる可能性があります。

特に、イノベーションとデジタルエコノミーの発展の推進は本書が繰り返し強調してきた重要課題です。経済成長率の鈍化を避けられない中国にとって、デジタルエコノミーは最後の砦といってもよい、経済成長の重要なエンジンなのです。

ＧＤＰでは測れない幸せ

ＧＤＰを指標とした経済成長率の鈍化は避けられない状況にありますが、一方で、近年、ＧＤＰで経済的繁栄の度合いを評価することへの限界を指摘する議論は活発になってきています。つまり、ＧＤＰではデジタル経済社会の繁栄は計測できないという議論です。例えば、デジタル情報やアプリケーションの無償使用、ＳＮＳを通した社会的つながり、シェアリングエコノミーなどは、人々の幸福や満足度に大きな影響を及ぼしていますが、モノやサービスの対価を基準に経済規模を計測するＧＤＰでは、無償のサービスは計測されないからです。

中国は中国共産党創設１００周年を迎える２０２１年までに「小康（ややゆとりのある）社会」を実現することを目標に掲げてきました。小康社会の基礎となるのは経済的豊かさであり、政府も経済成長を重視していますが、一方で、小康社会の概念には、経済的繁栄だけでなく、貧困撲滅や社会の発展、法制度の整備、文化、教育、生活の質の向上など、市民の関心が極めて高く、ＧＤＰでは計測されない分野も多く含まれています。つまり、

GDPの成長だけでは、小康社会は実現できません。そのため、中国はデジタル化という手段を用いて経済成長を図ると同時に、教育格差の縮小、生活の質の向上、より安全・安心な社会の構築を小康社会の最優先の目標にしているのです。

GDPでは、デジタル経済の進展の状況を知ることはできません。デジタルシフトが進んでいる中国経済の全体像と実情を数字だけで把握するのは非常に困難なのです。そのため、中国経済の実態を知るには、現地に足を運んで、現場の状況を確かめることが非常に重要です。

5.対外開放はどこまで

中国は、1978年に実施した「改革・開放」で市場経済への移行に大きく舵を切り、高度成長と経済社会の大きな変貌を実現しました。孔子は『論語』に「四十にして惑わず」という有名な言葉を残していますが、「改革・開放」から40年余りが経過した中国も、迷わず、経済社会の「改革・開放」を一層深化する姿勢を明確にしています。

習近平・国家主席は対外的な開放の重要性を繰り返し強調しています。米中対立の深化に懸念を抱く世界に対し、オープンな姿勢をアピールすることに躍起になっているのです。人口約14億人の巨大なマーケットを、どこまで国外に開放するのか――。最善策を模索しながらも、中国は開放を進めていくと思われます。

近年、金融分野では、外資銀行の業務範囲の拡大や証券会社の外資出資比率上限撤廃など、外資参入に対する規制の緩和を進めています。自動車産業でも、合弁会社の外資出資比率の制限緩和を進めており、乗用車でも２０２２年には外資出資比率制限が撤廃されることになっています。

全面的な開放の枠組みづくりは、「改革・開放」40周年を迎えた２０１８年の経済政策の重要な柱になっていました。そして、２０２０年1月1日には、外国企業の中国投資に関する新たな基本法「外商（外資企業）投資法」が施行されました。外資参入制限を大幅に緩和するとともに、外資企業が強い懸念を持つ知的財産権の保護を強化する規定が盛り込まれています。

世界１９０カ国・地域のビジネス分野の規制を比較する世界銀行の報告書「ビジネス環境の現状２０２０」では、中国は２０１８年の46位から大きく順位をあげ31位にランクされました。開放を強調する中国は、法整備を含むビジネス環境のさらなる改善と外資参入のさらなる規制緩和を目指すと思われます。

一方、世界では、米中対立の長期化や新型コロナウイルスの感染拡大でグローバル・サプライチェーンにおける脱中国の動きが出始めています。こうした外部環境の急変に備え、中国は「双循環」モデルの構築を提唱し、「第14次5カ年計画（２０２１－25年）」の経済方針にしています。双循環は馴染みのない言葉ですが、内需と外需の双方を好循環させることで経済発展を目指すという意味合いで使われています。中国の新たな経済成長策として打ち出された「双循環」は、内需主導による経済発展により注力しながら、対外開放を深めていく政策と理解されています。

内需型成長は従来の方針であり、それほど斬新な政策ではありませんが、中国は「国内大循環を主体とする」という表現を用いて、国内経済の力を一層高める決意を固めています。とりわけ、消費を促進するために、不動産価格の上昇を抑制する姿勢を改めて強調しています。また、新興ハイテク企業向け株式市場「科創板」での上場条件の緩和をはじめ、株式市場の強気相場を育成し、中国企業の発展をサポートしようとしています。

一方、習近平・国家主席は「双循環は決して門戸を閉ざすわけではなく、国内・国際市場を利用した持続的発展の実現へ」と強調しています。前述した通りに、中国にとって、開放は重要な意義を持っています。双循環が目指す対外開放には、中国企業の海外進出、即ち国際市場をベースにする発展を支えようとする思惑もみられます。対外開放を拡大し、高度な人材や外資を積極的に呼び込もうとする中国の姿勢に変わりはありません。

第5章

中国企業の国外進出と日中新時代

2020年1月に新型コロナウイルス感染症のため武漢が封鎖された際、日本から医療用のマスクや手袋などの支援物資が大量に送られました。政府だけでなく、送り主には自治体や民間団体も含まれていました。ある民間団体からの支援物資の箱には「山川異域、風月同天」の漢詩が手書きされていました。「住む場所は違っても、風や月は同じ空の下でつながっている」という意味です。日本からの物心両面の支援は中国で大きく報道され、中国人の多くが感動し、友情に感謝しました。中国人の日本への好感度はさらに高まりました。

尖閣諸島の問題など、日本では日中の対立にばかり耳目が集まることが多いようですが、現在、中国人の対日感情は、日本人が思っているより遥かに良好です。コロナ以前には、年間1000万人にせまる中国人観光客が押し寄せていたことがそれを如実に物語っています。2019年の中国人観光客によるインバウンドの総額は1兆7704億円で、全体の約4割を占めました。もちろん第1位です。また、2019年に上海で開催された「中国国際輸入博覧会」には、日本から国・地域別では最大の300超の企業・団体が出展しましたが、中国メディアは、経営トップのインタビューや日本の製品やサービスを紹介する記事やニュースなどで、非常に好意的に報道しました。

本章では、日中両国の経済関係の変遷を振り返るとともに、中国企業の日本進出や日中の企業連携の実態を報告し、「日中新時代」の共生のあり方を展望します。

1. 日中経済関係

日中経済関係の変遷

中国の「改革・開放」以降の日中経済関係は概ね良好に推移してきたといえます。ジェトロ（日本貿易振興機構）のデータによると、2019年の日中貿易総額は約3407億ドルで、一時停滞していた改革・開放路線が再始動した1992年の11・8倍、2003年の2・57倍に増加しました。前世紀後半の日本の最大の貿易相手国は米国でしたが、2004年に対中貿易の総額が対米貿易のそれを上回って以降、日本にとって中国は最大の貿易相手国であり続けています。日本の輸出全体に占める中国のウェイトは2003年の12・2％から2019年には19・1％まで拡大しています。中国にとっても、日本は米国に次ぐ貿易相手国です。

しかし、日中経済関係は順風満帆であったわけではありません。ときに、政治が影を落とし、経済関係が悪化したこともありました。日本から中国への投資額の増減（図5－1）は、そうした変化を如実に現わしています。

「改革・開放」を機に、世界的な中国投資ブームが起こり、日本企業も積極的に中国に進出しました。2001年に中国がWTOに加盟して以降は、「世界の工場」としてだけでなく、「世界の市場」としての中国の可能性にも期待し、中国ビジネスを加速させました。

一方、今世紀に入って、いくつかの政治的出来事が、日中経済の蜜月関係に水を差しました。とりわけ2000年代半ば以降、歴史問題をめぐる日本政府要人の言動などをきっかけに、中国で対日感情が悪化することがたびたび起こりました。日本製品の不買運動に発展することもあり、結果、日本企業の対中投資は再び減少に転じました。

もっとも、政治の影響の他にも、対中投資額の減少の理由はあります。第1章に記述した通り、各国の中国事業は曲がり角に差し掛かっています。生産年齢人口の減少や賃金の上昇により大量かつ安価な労働力を期待できなくなった今、中国の「世界の工場」としてのメリットが薄れているからです。日本企業に限らず、中国企業にさえ、中国より人件費が安い東南アジアへ生産拠点を移転する、いわゆる「チャイナ・プラスワン」の動きが強まったことも、原因の一つと考えられます。

しかし、中国からの撤退や他地域への移転を考える日本企業はさほど多くはありません。ジェトロが毎年公表している「アジア・オセアニア進出日系企業実態調査（中国編）」によれば、2017年から2019年までの3年間で、中国事業の縮小や第三国・地域への移

図5-1：日本の対中直接投資実行額の推移（2000～2019年）

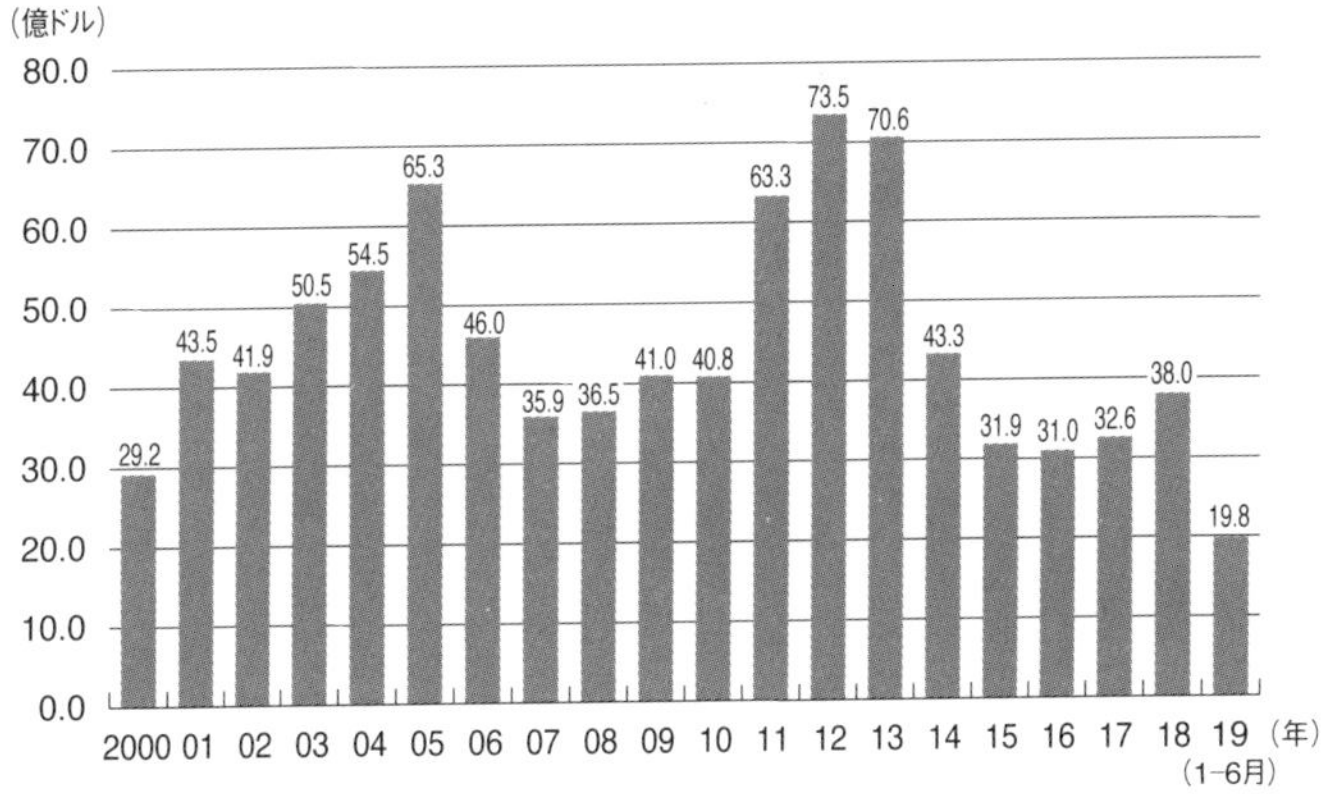

（注）2019年は1～6月までのデータ
（出所）中国商務部公開資料を基に著者作成

転・撤退を考える日本企業（製造業）の割合は10％以下に留まっています。

２０１７年以降、日本の対中投資額は再び回復基調となり、２０１８年にはシンガポール、韓国、英国に次ぐ、4番目の投資国となっています。「世界の工場」としての輝きを失う一方で、「世界の市場」としての中国の魅力が大きくなっているからです。中国市場向けの地産地消戦略を採用する日本企業は増えています。現在、中国国内の日系企業の拠点は3万を超え、国・地域別で最大となっています。

中国の社会や経済の構造的変化や政治の影響を受けながらも、日本にとって中国ビジネスの重要性が簡単に失われることはないと思われます。

2. 中国企業の国外進出

対外投資大国

「改革・開放」以降、中国は対外的に門戸を広げて積極的に外資を誘致することで、経済発展を軌道に乗せました。言い換えれば、国外からの投資が中国の経済発展に大きく貢献したということです。

中国商務部の公開データによると、1995年に375億ドルだった外国からの対中直接投資実行額は、2010年に1000億ドルを突破し、1057億ドルとなりました。国外への「直接投資」とは、国外で事業活動を行うために対象国の企業を買収したり、生産設備などに投資したりすることをいいます。一方、国外企業の株式や債券など金融資産に投資することは対外「間接投資」といいます。増減を繰り返しながらも対中直接投資の増加基調はその後も変わらず、2017年以降は増加が続いています。米中貿易摩擦の影響を大きく受けることもなく、2019年には過去最高の1381億ドルが中国に直接投資されました。

中国への外国からの直接投資が増加する一方で、2010年代に入ると、中国企業の対外直接投資額も増加し始め、対外投資国としての中国の存在感は大きくなっています。2014年には中国企業による対外直接投資額が、国外から中国への直接投資額を上回りました（図5−2）。

中国企業の対外直接投資はピークとなった2016年以降は減少傾向にありますが、それは、中国当局がキャピタルフライト（資本逃避）を懸念し国外への投資の規制を強化したことと、中国と対立する米国当局が、中国企業の投資に対する審査を厳しくしたことが要因で、投資意欲が減退したわけではありません。特に、米中貿易摩擦の主戦場となっている通信機器と情報サービスの分野が大きな影響を受け、対米直接投資額は2016年の49億ドルから2018年には1・6億ドルに激減しました。

しかし、国外への積極的な投資は、すでに中国の経済発展の重要なエンジンの一つとなっているため、一時的に欧米向けの投資が減少することはあっても、アジア各国や「一帯一路」の沿線国・地域への投資は今後も拡大していくとみられます。一帯一路とは中国が2013年に提唱した広域経済圏構想の通称で、「一帯」と呼ばれる陸路の中国西部から中央アジアを経てヨーロッパへ続くかつてのシルクロード沿線国・地域と、「一路」と呼ばれる中国沿岸部から東南アジア、スリランカ、アラビア半島、アフリカへの海路の沿線

図5-2：中国の対外直接投資額の推移（2006～2019年）

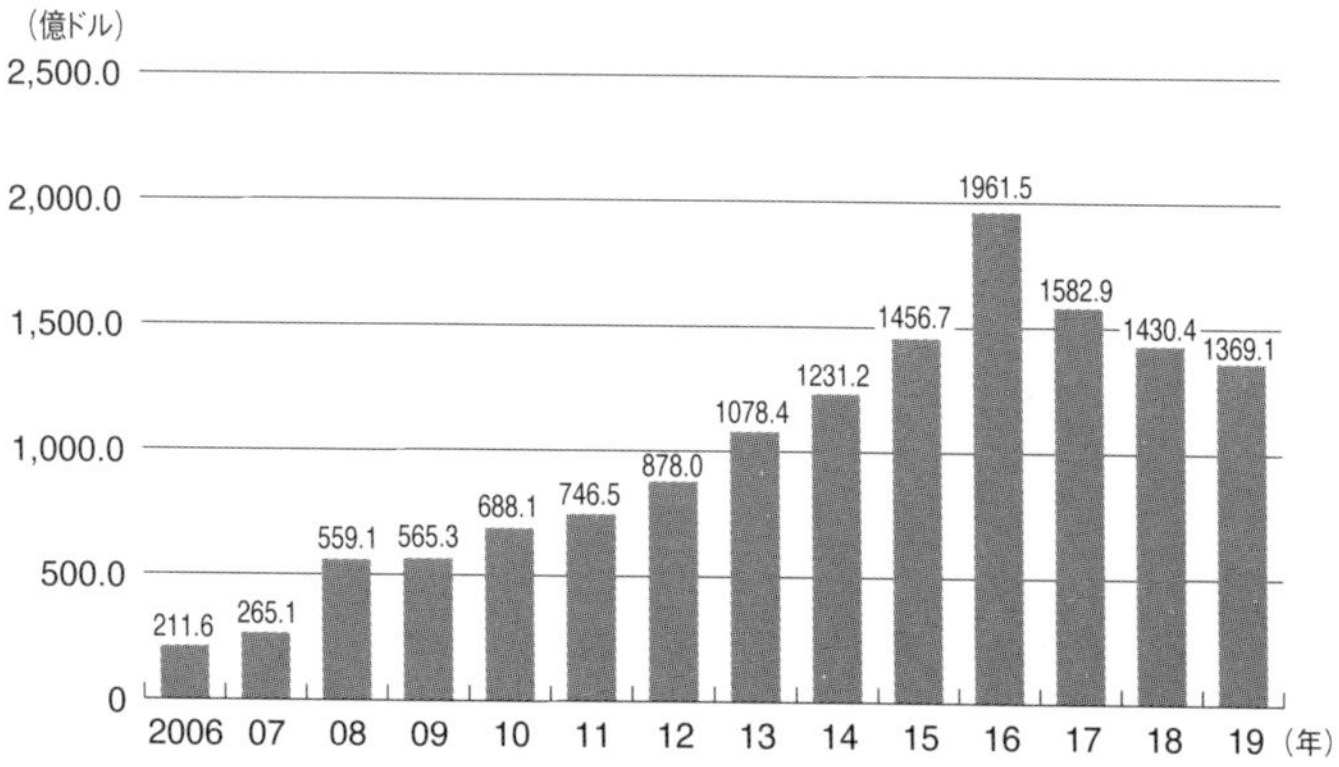

(出所) 中国商務部公開資料を基に著者作成

国・地域で、インフラ整備や貿易促進、資金の往来を通して、中国が主導する経済圏を確立する構想です。海路は「21世紀海上シルクロード」とも呼ばれており、また、2019年3月末現在で、「一帯一路」沿線65カ国の人口は46億人で、世界経済に占める経済規模は約31%といわれています。

「走出去」

2016年以降、規制強化へ舵を切った中国当局ですが、元々は、対外投資額増大の背景には、中国政府の後押しがありました。中国政府が2000年代に入ってから積極的に推し進めた「走出去（国外進出）」戦略です。2001年の全人代での政府活動報告で、朱鎔基元首相は「走出去」戦略に言及し、中国企業の国外進出を呼びかけました。中国国内だけでなく、国外の市場や資源、人材も活用して経済成長のエンジンとすると同時に、国外進出することで国際競争力の高いグローバル企業を育てることが狙いでした。即ち、グローバル戦略です。

「走出去」戦略の下、政府は「対外投資国別産業指導目録」など、対外投資活動に関する規制と支援の両面の政策を相次いで打ち出しました。そして、規制は徐々に緩和し、手続きは簡素化し、資金支援も行いました。政府の「走出去」戦略に応じ、中国企業は積極的に国外に投資してきました。その結果、前述の通り中国の対外投資額は順調に拡大し、2016年には米国に次ぐ世界第2位の規模に達しました。投資対象は天然資源から電子機器、自動車、サービス産業まで幅広い分野に及んでいます。

主役の交代

「走出去」の主役は当初、国有企業を中心とするエネルギー関連企業で、2000年代は、国有企業による対外投資が全体の約75%を占めていました。もちろん、投資先は石油や鉄鉱石などの天然資源が豊富な国々に集中していました。

しかし、2010年代に入ると「走出去」の主役は交代します。中国経済の減速や原油価格の変動で、国有エネルギー関連企業に集中した「走出去」が挫折したからです。代わりに主役の座に躍り出たのが、大手製造業や不動産業などの〝お金持ち〟民営企業です。投資対象範囲の規制緩和策も手伝って、民営企業は積極的なM&A（企業の合併・買収）で、国外のホテルなどの不動産や映画などの娯楽、観光関連などの優良資産を獲得しました。もちろん、それには中国からの大きな資本流出が伴います。結果、前述の通り、キャピタルフライトを懸念した中国当局が規制強化に舵を切り、〝お金持ち〟企業の時代にも幕が降ろされました。

そして、次の主役としてここ数年注目を集めているのが、本書の主役でもある「BATH」や「TMDP」に代表されるICT分野の大手企業やベンチャー企業です。それぞれの国外進出については、第3章にすでに記述していますが、簡単におさらいしておきます。

通信機器大手のファーウェイ（華為）は早い段階から国外市場に進出し、すでに多国籍企業として成果をあげています。アリババ（阿里巴巴）やテンセント（騰訊）のような大手プラットフォーマーは中国市場で揺るぎない地位を確立する一方で、国外市場への参入や現地プレイヤーへの投資を通じ、国外での勢力拡大を図っています。アリババの「アリペイ（支付宝）」やテンセントの「ウィーチャットペイ（微信支付）」など、中国人観光客や、留学生や移住者の増加を国外市場開拓の橋頭堡にするパターンもあります。バイトダンス（字節跳動）の「ティックトック（抖音）」のように中国発のアプリが世界を席巻した例もあります。

サービス業の企業も国外進出に動き出しています。２００８年の設立で、アリババが投資する物流大手のバイスウグループ（百世集団）は、２０１９年にタイ、ベトナム、マレーシア、カンボジア、シンガポールへの進出を果たしました。国境を越えてサービスを展開する越境ＥＣの発展とデジタル化の加速を追い風にして、中国―東南アジア間の国際物流サービスを開始しました。

中国企業と国外企業との連携強化も顕著です。オンライン診療のプラットフォーマー「平安好医生」は、シンガポールに本社を構えるライドシェア大手グラブ（Ｇｒａｂ）と連携し、東南アジア地域を中心にオンラインヘルスケアサービス「グラブヘルス」を提供しています。両社の強みを生かし、オンライン上の健康相談や薬の配達をビジネスにしているのです。「平安好医生」は中国の保険大手である平安保険グループ傘下の企業が運営し、新型コロナウイルスの感染拡大防止に一役買ったプラットフォームサービスです。また、アリババ傘下の地図サービス「高徳地図」は、オランダの位置情報サービス企業であるヒアテクノロジーズ（Here Technologies）と提携して、東南アジアへ進出しています。

このように中国のＩＣＴ大手やテックベンチャーの国外進出の事例は枚挙にいとまがありません。これまでの進出先は、人口が多く成長の可能性を秘めたアジア地域、とりわけインドや東南アジアの新興国に集中していましたが、欧州や日本などの先進国やアフリカ諸国への進出が近年のトレンドです。前述の通り、ディディチューシン（滴滴出行）のタクシー配車サービスは、日本に上陸しています。また、スマートフォンメーカーのシャオミ（小米）も欧州や日本への進出を果たしています。

アフリカへの進出も活発です。インフラが整備されていないアフリカでは、リープフロッグが起きる可能性が高く、大きなビジネスになるチャンスがあるからです。アフリカ進出の先陣を切ったのは、携帯電話機メーカーのチョンイン（伝音＝トランションホールディングス）でした。深圳に本社を構える同社は中国国内では製品を販売しておらず、2008年以降、アフリカ一筋で事業を拡大してきました。現在はアフリカ市場でトップシェアを握り、現地のモバイルインフラの整備にも貢献しました。この成功が中国企業のアフリカ進出熱を高めました。

中国ビジネスの最前線

今日の日本では5年前には想像できなかった光景が広がっています。書店には中国のSF小説『三体』の翻訳版がずらりと並んでいます。中国で最も人気のあるSF小説でアジア初のヒューゴー賞を受賞した同書は、日本に上陸した途端に大きな話題となりました。若い人たちは中国の人気ゲーム「荒野行動」やショット動画アプリの「ティックトック」を楽しんでいます。タクシーを呼びたければ「ディディ」が使え、中国火鍋「海底撈」に行けば中国式のおもてなしを体験することができます。

目に見えやすい消費者向けのサービスだけでなく、クラウドサービス分野をはじめとする企業向けのビジネスでも、中国企業の日本進出は活況を呈しています。今や、日本が中国ビジネスの最前線になりつつあるのです。日本は隣国であり、先進諸国の中では比較的市場が大きく、かつ海外企業にも市場は開放されています。さらに、高い技術力と優れた研究開発リソースを有し、厳格かつ公平に運用される法制度など総じてビジネス環境が良好な日本は、中国企業にとっては大きな魅力なのです。

中国企業が日本を目指す理由は他にもあります。すでに記述した通り、中国の国内市場は飽和状態に近づきつつあり、多くの企業はグローバル志向を高めています。そうした中国企業にとって、マーケットが成熟し、消費者の目が厳しく、法規制が厳格な日本は、企業が自らの実力を測るにはうってつけの市場です。日本で成功できれば、他の先進国でも成功できる可能性が高いと考えられるからです。

政治の影響もあります。米中関係が険悪化の一途を辿る情勢下にあって、中国政府は日中関係の改善に力を注いできました。2018年5月には李克強首相が公賓として訪日しました。トヨタ北海道工場も訪れた李首相は、「両国のイノベーション提携や対話の強化が共通認識となり、日中協力も第三国市場開拓も積極的に進めていきたい」と述べるなど、訪日を機に日中両国間の経済交流強化に向けた機運は高まり、日中関係の改善傾向が鮮明になりました。そうした政治の動きに対応し、中国企業は改めて日本市場の開拓に積極的な意欲を示しています。

日本に進出した中国企業

表5−1にデジタル関連分野で日本に進出した企業を示しました。中国企業の日本進出の動きは活発です。従来の日本企業の中国進出一辺倒から脱却し、相互進出の様相を帯びてきた日中の企業連携には新たな可能性が広がっています。

中国企業の日本でのビジネスは、製品提供型とサービス提供型の二つに大別できます。製品提供型の代表はスマートフォンです。中国や東南アジア、欧州などで激しい競争を勝ち抜いたファーウェイ、シャオミ、オッポ（ＯＰＰＯ）は、成功実績をベースに日本市場の開拓に挑んでいます。

サービス提供型のネット関連サービスはメディアやコンテンツ、ゲーム、エンターテイメント、観光など多岐にわたります。国内６億人のユーザーを抱える中国最大の音声配信アプリを提供するヒマラヤ（喜馬拉雅科技）は２０１７年に日本に上陸し、約2年間で30万のダウンロードを達成しました。音声配信とはラジオのように音声だけのコンテンツを配信することで、ヒマラヤは語学学習や知識・スキル関連、科学、歴史、経済、文化などあらゆるジャンルの音声コンテンツを配信しています。中国では自己啓発のため有料コンテンツを購入して勉強するユーザーが沢山います。また、「ティックトック」のようにユーザーがコンテンツ（音声）を作成し発信できるサービスもあります。日本ではスマートフォンなどで音声コンテンツを利用したり、有料の音声コンテンツを購入したりする習慣があまりないため、潜在的市場が大きいと期待され、ヒマラヤは日本企業と連携しながら、サービスの普及に奮闘しています。

企業向けのビジネスでは、デジタル技術で先行する中国企業が日本企業と提携し、技術

カテゴリー	企業名	進出時期	拠点	主なビジネス
端末・ドローンなどハードウェア	DJI	2017年	東京	・ドローンや教育用ロボットの販売 ・産業向けドローンソリューションの提供
	極飛科技	2017年	兵庫	・農薬散布用ドローンの開発と販売
AI・ロボットなど	センスタイム	2016年	京都	・AI、コンピュータビジョンや顔認識、ディープラーニングなどに関する研究とソリューション ・ホンダやソフトバンクなどと共同開発
	Geek＋	2017年	東京	・スマート工場、無人倉庫 ・自動搬送ロボット、物流ソリューションの提供 ・大和ハウス工業やトヨタの工場などに導入
	インファービジョン	2017年	東京	・AI、医療、画像診断に関するサービス ・ドクターネット（東京）と、遠隔画像診断支援サービスに関する共同取り組み
	アイフライテック	—	東京	・音声技術を強みにした教育事業の展開 ・データセクションと業務提携で音声解析サービス
	メグビー	2020年	東京	・華和結ホールディングスと業務提携でAI関連サービスの展開
	3DNest	2018年	東京	・3Dカメラの販売、VR製作、3Dカメラを使用した撮影サービスとデータ処理 ・大塚家具のバーチャルショールームに導入
	Keenonロボティクス	2019年	東京	・日本システムプロジェクトと提携し、AI搭載配膳ロボットの販売
フィンテック	平安保険グループ	2019年	東京	・平安グループの子会社である安科、壹帳通とSBIホールディングスと合弁会社を設立 ・壹帳通のフィンテックプラットフォームを提供

（出所）各種報道や企業HP、取材などを基に著者作成

表5-1：日本に進出している主な中国企業の基本状況

カテゴリー	企業名	進出時期	拠点	主なビジネス
モビリティ	DiDi	2018年	東京	・ソフトバンクと合弁会社の設立 ・配車サービスの提供および関連事業
EC・プラットフォーム	バイドゥ	2006年	東京	・日本語入力アプリ「Simeji」の提供 ・広告事業、日本企業の中国マーケティング ・2020年夏から日本製品を販売する越境ECサイトの開設と運営
	アリババ	2008年	東京	・EC事業、中国進出支援サービス ・アリペイを中心とする決済事業 ・アリババの各種サービスの日本展開 ・データセンター、クラウドサービス
	テンセント	2011年	東京	・ゲーム事業 ・決済事業 ・日本企業に広告プラットフォームの提供 ・データセンター、クラウドサービス
メディア・コンテンツ・エンターテイメント・観光関連	36Kr	2018年	東京	・メディア、中国企業およびベンチャー企業に関する情報発信 ・2019年5月から日本経済新聞と業務提携
	ヒマラヤ	2017年	東京	・音声コンテンツの提供 ・音声プラットフォームの運営
	ティックトック	2017年	東京	・動画アプリ、ショット動画の投稿と共有
	ネットイース・ゲームズ	2020年	東京	・「桜花スタジオ」の設立、家庭用ゲーム制作
	携程	2014年	東京	・観光サービスに関連する航空券販売やホテル予約など
端末・ドローンなどハードウェア	ファーウェイ	2005年	東京	・通信事業者向けネットワーク事業 ・企業向けICTソリューションの提供 ・消費者向け端末（スマホやパソコンなど）の販売 ・部品の調達と供給
	OPPO	2018年	東京	・スマホとその周辺製品の販売
	シャオミ	2019年	東京	・掃除ロボットなどスマート家電製品の販売 ・スマホの販売

やサービスを提供する場面が増え、中国発のデジタルイノベーションを多くの日本企業が活用しています。第2章で紹介した新進ＡＩ企業のセンスタイム（商湯科技）、メグビー（曠視科技）、インファービジョン（推想科技）およびアイフライテック（科大訊飛）は、精度の高いＡＩサービスを武器に日本市場に参入しようとしています。新型コロナウイルスの感染拡大を機に、日本ではアリババやインファービジョンのＡＩ画像診断サービスを導入する動きが広がりました。

物流ロボットやスマート工場を中心に事業を展開するジズジャ（極智嘉科技＝Geek＋）は、２０１７年に日本に進出し、同社の自動搬送ロボットや物流ソリューションサービスが大和ハウス工業やトヨタの工場などで導入されています。２０１５年に北京で設立された同社は、設立当初から国外進出志向が強く、すでに20ヵ国以上に進出し、国外事業を主力としています。また、２０１８年に日本に進出した、３Ｄカメラ関連サービスを提供する3DNestの技術は、大塚家具のバーチャルショールームに導入され知名度を上げました。同社の創業者は日本での留学と日本の「外国人起業家ビジネスコンテスト」で優勝した経歴の持ち主です。

また、ニトリが自社の商品検索アプリで採用したのは欧米企業のサービスではなく、アリババがＥＣ事業で蓄積した商品検索と在庫管理のノウハウを提供するクラウドサービスでした。住宅メーカーの大倉は自社のスマートハウスに中国のＩｏＴプラットフォーマーであるトゥーヤー（塗鴉科技）のサービスを導入しています。トゥーヤーは２０１４年に杭州で設立されたベンチャー企業で、日本や欧米に進出し、ＡＩとＩｏＴを融合したサービスのプラットフォームを提供しています。

立ちはだかる政治の壁

ここまで見てきた通り、近年、中国では、ＩＣＴ大手企業やベンチャー企業の「走出去」が注目されています。テック企業の国外進出は、中国企業のブランド力の向上と、中国発のビジネスモデル創出につながると期待されていますが、立ちはだかる壁があるのも事実です。

最大の課題は政治的影響です。ここまで何度も言及してきた米中対立だけでなく、インドでも反中感情が高まって進出への逆風は強まっており、中国企業はこれまでにない試練に晒されています。こうしたビジネス環境の変化を懸念し、国外事業を躊躇する企業は増えています。

国外進出を図る中国企業が真のグローバル企業に成長するためには、現地のニーズをしっかり把握するとともに、現地市場で確かな信頼を得ることが肝要ですが、簡単なことではなく、多くの試練が待ち受けています。もちろん、それらは中国企業に限った課題ではなく、国外に進出しようとするすべての企業が直面している課題です。

3. 日中企業連携の進化を求めて

互いの違いを活かす連携を

１９７８年に日中平和友好条約が締結され、戦後の日中関係の新たな幕が開きました。その年、中華人民共和国要人として初めて日本を訪問した鄧小平・国務院副総理（当時）は、日本の発展を目の当たりにして、「日本から学ぶべきことが多くある」と語りました。それから40余年が経過し、時代は移り変わりました。

２０１９年12月下旬に開催された日中韓首脳会議の際に実現した日中首脳会談では、両首脳が「日中関係の改善を一過性のものとせず、競争から協調へという方針の下で実務レベルの協力を拡大」するとして、より高いレベルでの対話と交流を促進し、経済分野でウィンウィンの関係を構築することに合意しています。

今世紀に入ってからの日中経済関係には、政治の影響で停滞した時期もありましたが、今般の日中関係改善を契機に、日中の企業間で協業や資本・業務提携といった動きが活発化する可能性は高いと考えられます。

前節で見た通り、中国企業は政府の「走出去」戦略のもと、積極的に国外進出に乗り出しています。その最前線となっている日本では、中国企業の動向に関心が高まり、2018年以降、テック企業の集積地深圳を視察する企業関係者が後を絶ちません。

日本はかつて中国の〝先生〟でしたが、今や、互いに刺激し合い、学び合う関係へ変貌しつつあります。そうした新しい関係の中で、イノベーションが生まれてくる可能性も期待できます。

少子高齢化や人口減少、地震多発（防災）などの問題を抱える日本は「課題先進国」といわれています。また、日本の優れたモノ作りを支えているのは、良いものにこだわり実直に技術を磨き継承していく「匠の精神」であり、日本には時間をかけて事業を継承拡大してきた創業100年を超える「百年企業」が多く存在します。

こうした日本の特徴に対し、「テクノロジーの社会実装」や「スピード感」、「起業家精神」などが中国の特徴だといえます。中国では「議論する前にまずやってみよう」という機運が高く、それがスピード感のあるテクノロジーの社会実装を実現しました。また、時間をかけるよりスピード重視で成功を狙う傾向も強く、ベンチャー企業を次々と生み出していますが、多産多死であることも事実です。

日中両国は、国民性や気質、イノベーションやビジネスに対する考え方などが異なるからこそ、相互補完的な関係で互いの長所を活かしながら、事業共創の新しい局面を切り開くことができると考えられます。例えば、少子高齢化による労働力不足といった日本が抱えている社会課題の解決に、中国のデジタル技術の活用は有効な手段になる可能性は大きいと思われます。

米中対立の深刻化に加え、新型コロナウイルスの感染拡大があった2020年にも、製薬や医療、製造、小売、食品、物流、自動車などの分野で日中企業連携の動きが相次ぎました。塩野義製薬は前出の平安保険グループと資本業務提携をし、合弁会社を設立することになっています。平安保険グループは保険事業から出発し、テクノロジー企業に進化した中国の保険大手です。デジタル技術をベースに保険やヘルスケア、オンライン診療、金融など多様なサービスを提供し、中国国内に数億人のユーザーを抱えています。両社の提携によって、塩野義製薬はＡＩ技術やビッグデータを活用した新薬開発のプラットフォームを、平安保険グループは創薬事業に参入する機会を得ることになります。中国やアジア市場への展開を目指す塩野義製薬にとって、平安保険グループが最適なパートナーであることは間違いありません。

自動車分野に関連するＥＶやモビリティへの投資も拡大しています。前述した李克強首相のトヨタ北海道の工場訪問の際、「自動車業界は１００年に一度の変革期を迎えているが、その変革をリードしているのは中国」と述べたトヨタの豊田章男社長は、中国がＥＶ開発と普及を牽引していることを評価し、中国企業との連携の意欲を示していました。そして、２０２０年5月に深圳にある中国の自動車メーカービヤディ（比亜迪＝ＢＹＤ）とＥＶの研究開発を行う合弁会社を設立しました。また、ホンダは中国のＥＶ用電池メーカー最大手ニンドシダイ（寧徳時代新能源科技＝ＣＡＴＬ）の株式1％を取得し、ＥＶ用リチウムイオン電池の共同開発を端緒に、資本提携による協力関係を強化しようとしています。スマートモビリティ分野でもホンダは中国のＩＴ大手東軟グループの傘下企業の東軟リーチと、合弁会社ハイナシンス（海納新思智行）を設立し、コネクテッドカー領域の取り組みを加速させています。

チャイナ・リスクには適切な対応を

中国企業の国外進出や日中間の企業連携が活発化する一方で、米中対立や新型コロナウイルス危機の影響を受け、中国国内の外国企業に脱中国の動きが起こっているのも事実です。しかし、中国からの撤退を決めた企業の多くは、中国を単なる製造拠点にしていた企業であり、中国を巨大市場と位置付け、中国の需要を取り込む戦略で進出した企業が撤退することはないと断言できます。

在上海米国商工会議所が2020年6月から7月にかけて実施した会員企業の意識調査では、中国からの撤退と米国本国への回帰に反対する会員企業は過半数を占め、中国国外への生産拠点移転を考える企業は4％に留まりました。

中国に進出している外国企業は「チャイナ・リスク」に直面しています。日本企業も同じです。しかし、チャイナ・リスクはいわゆるカントリーリスクであり、グローバルにビジネスを展開しようとする企業にとっては中国だけではなく進出先のあらゆる国や地域で絶えず直面している問題です。前述したジェトロのアンケート結果が示すように、だからといって、巨大な消費市場、質の高い人材や労働力を擁する中国から全面撤退するのは得策ではありません。中国を取り巻くリスクを経済的、政治的、社会的、地政学的側面からしっかりと分析し、リスクマネージメントを的確にすることが肝要です。とりわけ、今後もしばらくは沈静化しそうにない米中対立の行方には留意が必要です。安全保障関連分野に限らず、さまざまな分野に影響が広がる可能性があります。

アリババやテンセントと連携し中国でのビジネスを成功させたユニクロや資生堂のように、日本企業が現地の中国企業と連携し、中国市場の開拓に成功した事例はすでに数多くありますが、日中企業連携による日本市場や第三国市場の開拓は新たな試みです。日中の企業が双方の強みや良い部分を学び合いながら、ビジネスチャンスを探っていく姿勢が従来にも増して求められています。

おわりに

中国は中華民族復興の夢に掲げた「2つの100年」に近づこうとしています。中国共産党創設から100周年を迎える2021年までに「小康（ややゆとりのある）社会」が実現することと、1949年の建国から100周年になる2049年に、「富強、民主、文明、和諧（調和）、美麗」を掲げる「社会主義の現代化した国家」として、名実ともに上位先進国になることです。

また、2020年10月末に閉幕した中国共産党の重要会議である「5中全会」（第19期中央委員会第5回全体会議）では、2021年と2049年の中間点に当たる2035年に「一人当たりGDPを中等先進国並みにする」という目標が新たに打ち出されました。

経済的豊かさからみると、世界第2位の経済大国となっている中国は、2021年までに小康社会が実現されます。一方、その先の目標達成には、経済の停滞や生産労働人口の減少、教育格差、戸籍問題、社会保障、国有企業の改革、政治改革など、さまざまな課題があります。多くの課題を抱えながら、「改革・開放」の信念だった「発展才是硬道理（発展至上主義）」の原点に立ち返って、状況の打開を模索しているのが今の中国です。

中国の高度成長を支えた要因の一つは、人口の増大、即ち「人口ボーナス」でしたが、人口増はすでに停滞期に入っており、人口ボーナスは失われつつあります。それに代わって、本書で報告した規制緩和や制度改革などによる「政策ボーナス」が、今後の中国の成長を支えていく可能性は大きいと考えられます。

これまで、多くの経済学者は、経済発展とイノベーションには個人の自由が必要だと指摘し続けてきましたが、中国の発展はそうではないことを証明しました。経済的発展を遂げた中国が、大国として世界に大きな影響力を持つことは自然の流れですが、日本や欧米諸国と異なる体制を持つ中国の台頭への警戒感は強まるばかりです。その背景に本書で報告した、先端デジタル分野でグローバルな競争力を高めているチャイナテックの存在があることは間違いありません。

最大の懸念は米国大統領選挙が終わっても、ワシントンでは対中強硬政策が続き、「米中新冷戦」とも形容されることがある米中対立が長期化することです。

ハイテクやデジタル分野での米中の覇権争いは今後も繰り広げられていくことが予想されます。今のところ、中国の台頭が米国の優位性を揺るがす状況には至っていませんが、数億人のユーザーを抱え、そのビッグデータを活用することのできる中国と中国のＩＣＴ企業は、デジタル分野の新たな産業革命に勝利する可能性を秘めています。

しかも、中国はデジタル分野での躍進を続けており、本書を執筆していた間にもどんどん進化しています。例えば、中国全土で5G基地局の建設が急ピッチで進められている中、深圳は世界に先駆けて5G基地局を整備し終えました。アリババは新しいデジタル工場モデルを公開し、短納期でオーダーメイドの生産を実現する新たな製造業のあり方を示そうとしています。

一方、中国はデジタルエコノミーの順調な発展に安堵しているわけではありません。2016年に北京で開催された中国科学技術イノベーション大会で、ファーウェイ創業者の任正非CEOは「ファーウェイは無人エリアに入った。追いかけようとするリーダーがいなくて、前途がはっきり見えず、方向性は分からない」と発言しました。ファーウェイだけでなく、中国企業の多くが同じ課題に直面しています。過去40年余りの改革により、技術先進国からの技術輸入の恩恵を受け発展を遂げた中国は、見本となるリーダーがいなくなり、世界からイノベーションを吸収できなくなったことを懸念しているわけなのです。

2006年にノーベル経済学賞を受賞した米国の経済学者エドマンド・S・フェルプス氏は、国家の豊かさは大衆の繁栄によって支えられ、人々がイノベーションのプロセスに関与することによって実現すると唱えています。言い換えれば、国家繁栄の源泉は「草の根イノベーション」にあるという主張です。

中国は1990年代の「下海」ブームから近年の起業ブームまで、豊かさやドリームを追い求める強い意欲を持つ起業家を次々と輩出し、「ベンチャー大国」に変身しました。その結果、より多くの人々がイノベーションの創出に参加するようになっています。近年のデジタル化の進展や新たなイノベーションの創出の担い手となったのは、その起業家たちであり、「草の根イノベーション」は中国で開花しています。

中国企業の日本進出と日中間の企業連携については第5章で触れましたが、中国企業と連携する日本企業の皆さんに留意していただきたいのは、中国の起業家の意識とモチベーションの変化です。1990年代の起業家たちは一攫千金の夢を追っていましたが、現代中国には、理想を追い求め、イノベーションにより、多くの人に豊かな生活スタイルを提供しようとする高い志を持つ起業家が増えています。中国の経済社会やテクノロジー分野の動向を的確に把握するためには、中国企業や起業家の意識の変化を見落としてはなりません。

近年の中国新興企業の成長は著しく、さまざまな業界の勢力図を塗り替えつつあります。日本の企業には、中国新興企業を脅威と捉えるのか、味方と考えるのかといった、戦略上の新たな課題が浮上しています。

中国企業の国外進出により、市場開拓や人材争奪でライバルとなる可能性は否めません。その一方で、中国新興企業の成長の物語や経営戦略には、日本企業の参考となる情報があるはずです。また、デジタル技術の強化や中国市場での販路開拓のために、中国の新興企業の力を活用することも重要です。本文でも触れた通り、中国の巨大プラットフォーマーと連携し、中国ビジネスを拡大した日本企業の事例は少なくありません。サプライチェーンベースでも日中両国の企業は相互に補完する関係を築き、中国企業の成長が日本企業に利益をもたらしています。

「知彼知己、百戦不殆（彼を知り己を知れば百戦殆うからず）」――。

紀元前の中国春秋時代に記された兵法書『孫子』にあるこの名言は、中国でも日本でもよく知られています。日本の企業には、中国を客観的に見て正しく理解した上で、中国の変化とイノベーション能力の向上の波をチャンスとして捉え、チャイナテックをはじめとする中国の豊富なイノベーションリソースやアイディア、活力、人材、資金力などを十分に活かす戦略が求められます。

日中企業連携の進化と深化には期待が高まっており、筆者もその実現を切望しています。

私は2002年に大学を卒業したのと同時に来日しました。綺麗な街並みや日本人のおもてなし、メイドインジャパンの高い技術力、伝統と現代が融合する文化などに魅了される日々を送ってきました。歴史の教科書や中国で見ていたドラマにあったのとは違う、日本の姿を、身をもって感じて過ごしています。

一方、出張や帰省などで中国に帰るたびに、その変貌ぶりに驚かされてもきました。日中両国の経済発展の段階が異なるとはいえ、日本の緩やかな変化との対照が非常に鮮明です。とりわけ、デジタル化による生活利便性の向上およびビジネスモデルの進化においては、残念ながら、日本は大きく後れをとっています。

どうやって日本の皆さんに中国の変化をより身近に感じていただき、そのパワーを取り入れていただけるか——。

日本に暮らして、離れた場所から中国をウォッチする一人の研究者として、さまざまな角度から中国を客観的に捉え、発信し、リアルな中国を皆さんへお伝えしたい、これが筆者の素直な気持ちです。

「百聞は一見に如かず」——、読者の皆さんにとって、本書が中国をよりよく知り、そして現地に行ってみるきっかけになれば、嬉しい限りです。

本書は、ここ数年蓄積してきた筆者のレポートや論文、講演、記事などをベースにして執筆しました。多くの方々のご鞭撻と励ましがなければ、出版に至ることはできなかったと思います。

執筆にあたって、自由で包容力のある研究環境を提供してくださった伊藤忠総研の経営陣、社長の秋山勇氏とマクロ経済センター長の武田淳氏、入社以来、いつも面倒をみていただき、有益なアドバイスをくださった産業調査センター長の河合良介氏と同僚の皆さんの友情に感謝申し上げます。

すべてのお名前は出せませんが、富士通総研経済研究所勤務時代からご指導いただいた中国研究に携わる社内外の諸先輩や関係者、情報発信の場を提供してくださったマスコミ関係者の方々からも多くのアドバイスと刺激をいただきました。皆様に改めて心よりお礼を申し上げます。筆者の研究キャリアの原点は東京工業大学大学院にあり、在学時代からご指導をいただいている恩師の渡辺千仭先生にも感謝を申し上げます。

本書の上梓にあたり、東洋経済新報社の若林千秋様には大変お世話になりました。この場を借りて心より感謝申し上げます。

最後に、いつも私を支えてくれる家族にこの本を捧げたいと思います。

2020年10月

趙　瑋琳

参考文献

・日本語

阿甘（2011）『中国モノマネ工場―世界ブランドを揺さぶる「山寨革命」の衝撃』日経BP社

アセモグル, ダロン/ジェイムズ・A・ロビンソン（2013）『国家はなぜ衰退するのか―権力・繁栄・貧困の起源』早川書房

井上智洋（2019）『純粋機械化経済―頭脳資本主義と日本の没落』日本経済新聞出版社

加藤弘之（2013）『「曖昧な制度」としての中国型資本主義』NTT出版

コーエン, スティーヴン・S/J・ブラッドフォード・デロング（2017）『アメリカ経済政策入門―建国から現在まで』みすず書房

経済産業省（2018）「キャッシュレス・ビジョン」https://www.meti.go.jp/press/2018/04/20180411001/20180411001-1.pdf

関志雄（2013）『中国二つの罠―待ち受ける歴史的転機』日本経済新聞出版社

佐々木康裕（2020）『D2C―「世界観」と「テクノロジー」で勝つブランド戦略』NewsPicksパブリッシング

シャンボー, デイビッド（2015）『中国グローバル化の深層―「未完の大国」が世界を変える』朝日新聞出版

肖敏捷（2017）『中国新たな経済大革命―「改革」の終わり、「成長」への転換』日本経済新聞出版社

趙瑋琳（2017a）「中国イノベーション事情」日刊工業新聞電子版連載, 2017年1月～12月

趙瑋琳（2017b）「中国の『双創』ブームを考える」『国際金融』外国為替貿易研究会

趙瑋琳（2017c）「加速する中国のスマホ決済―消費シーンのイノベーションを喚起」『デジタル・アジア5.0―イノベーション力が変える勢力図』日本経済研究センター

趙瑋琳（2017d）「イノベーションの重要性が高まる中国の動向と課題」『東

亜』霞山会
趙瑋琳（2017～19）「中国経済・イノベーション」『フジサンケイビジネスアイ』「高論卓説」連載、2017年9月～2019年12月
趙瑋琳（2018）「中国のキャッシュレス・イノベーション―普及要因の考察、プレーヤーの成長と信用社会の構築」富士通総研オピニオン
趙瑋琳（2019a）『BATHの企業戦略分析―バイドゥ、アリババ、テンセント、ファーウェイの全容』日経BP社
趙瑋琳（2019b）「ニューリテールの新潮流―C2Mが消費と生産をどこまで変えられるか」伊藤忠総研『中国経済情報』
趙瑋琳（2019～20）「中国のデジタルイノベーション」東洋経済オンライン連載、2019年2月～2020年4月
趙瑋琳（2020）「BAT3社の投資戦略を読み解く」伊藤忠総研『中国経済情報』
東洋経済オンライン（2009）「企業勢力図に変化、2008年時価総額ランキングは米国勢が躍進…」https://toyokeizai.net/articles/-/2713
ドラッカー，P・F（2007）『イノベーションと企業家精神』ダイヤモンド社
日本貿易振興機構（ジェトロ）（2020）「アジア・オセアニア進出日系企業実態調査―中国編―」
日本経済新聞（2019年11月21日付）「ブロックチェーン中国急伸　特許出願、首位アリババ」https://www.nikkei.com/article/DGXMZO52418410Q9A121C1MM8000/
日本経済新聞（2020年2月12日付）「先端特許10分野，AIなど中国9分野で首位　日米を逆転」https://www.nikkei.com/article/DGXMZO55092420R30C20A1SHA000/
日本経済新聞（2020年6月29日付）「身近になったチャイナテック～日本より先行、是々非々で利用を」https://www.nikkei.com/article/DGXMZO60910940Z20C20A6TBU000/
野口悠紀雄（2014）『仮想通貨革命―ビットコインは始まりにすぎない』ダイヤモンド社
フェルプス，エドマンド・S（2016）『なぜ近代は繁栄したのか―草の根が

生みだすイノベーション』みすず書房
ブリニョルフソン，エリック/アンドリュー・マカフィー（2015）『ザ・セカンド・マシン・エイジ』日経BP社
ボッツマン，レイチェル（2018）『TRUST―世界最先端の企業はいかに〈信頼〉を攻略したか』日経BP社
山上聰（2017）『金融デジタルイノベーションの時代』ダイヤモンド社
ラウスティアラ，カル/クリストファー・スプリグマン（2015）『パクリ経済―コピーはイノベーションを刺激する』みすず書房
ロゴフ，ケネス・S（2017）『現金の呪い―紙幣をいつ廃止するか？』日経BP社

・中国語
China Academy of Information and Communications Technology（2017）「5G经济社会影响白皮书」
China Academy of Information and Communications Technology（2019）「中国数字经济发展与就业白皮书」
长城战略咨询／科技部火炬中心（2018）「2017中国独角兽企业发展报告」
Harari, Yuval Noah（2017）『人类简史』中信出版社
HUAWEI（2019）「5G时代十大应用场景白皮书」
李自杰（2015）『中国企业对外直接投资的动机与路径研究』中国人民大学出版社
Ministry of Commerce of the People's Republic of China（2020）「2019年度中国对外直接投资统计公报」
Tecent Research Institute（2017）『数字经济―中国创新发展新动能』中信出版社
Vogel, Ezra F.（2012）『邓小平时代』香港中文大学出版社
吴晓波（2008）『激荡三十年』中信出版社
由曦（2017）『蚂蚁金服―科技金融独角兽的崛起』中信出版社

参考文献

・英語

Arun Sundararajan（2016）*The Sharing Economy: The End of Employment, and the Rise of Crowd-Based Capitalism,* The MIT Press.

CB Insights　https://www.cbinsights.com/research-unicorn-companies

CB Insights（2018）“Top AI Trends To Watch In 2018.”

Coase, Ronald/Ning Wang（2012）*How China Became Capitalist,* Palgrave Macmillan.

Cowen, Tyler（2011）*The Great Stagnation: How America Ate All the Low-Hanging Fruit of Modern History, Got Sick, and Will*（*Eventually*）*Feel Better,* Dutton.

European Union（2019）“The 2019 EU Industrial R&D Investment Scoreboard.”

McKinsey Global Institute（2017）“China's Digital Economy: A Leading Global Force.”

United Nations Conference on Trade and Development（2019）“Digital Economy Report.”

Winston Ma（2016）*China's Mobile Economy: Opportunities in the Largest and Fastest Information Consumption Boom,* Wiley.

The World Bank（2019）“Innovative China:New Drivers of Growth”

Center for Global Studies/Universität Bonn（2019）“Geopolitics and the Global Race for 5G.”

【著者紹介】
趙　瑋琳（チョウ　イーリン）
伊藤忠総研 産業調査センター 主任研究員
中国遼寧省瀋陽市出身。2002年に来日。2008年東京工業大学大学院社会理工学研究科修了、イノベーションの制度論、技術経済学にて博士号（学術）取得。早稲田大学商学学術院総合研究所、富士通総研経済研究所を経て2019年9月より現職。中国の産業動向、特にデジタルイノベーションとその社会・経済への影響に関する研究を行い、プラットフォーマーやテックベンチャーなどの先端企業に詳しい。メディア寄稿・講演多数。著書に『BATHの企業戦略分析――バイドゥ、アリババ、テンセント、ファーウェイの全容』（日経BP社）。

チャイナテック
中国デジタル革命の衝撃

2021年2月4日発行

著　者――趙　瑋琳
発行者――駒橋憲一
発行所――東洋経済新報社
〒103-8345　東京都中央区日本橋本石町 1-2-1
電話＝東洋経済コールセンター　03(6386)1040
https://toyokeizai.net/

ブックデザイン……秦　浩司
編集協力…………岩本宣明
ＤＴＰ……………アイランドコレクション
印刷・製本………丸井工文社
編集担当…………若林千秋
 Printed in Japan　ISBN 978-4-492-50325-6

碧桂園……選（淘宝心選）畢
国強姚前鄧小平ＡＩ江沢民以要商
製造２０２５ＰＤＤデジタル人民元、網
ータ騰訊華為アリペイ美団５Ｇ字節
ーチャット。（ヘイ上海尋夢信息技術網易
バオ心選（淘宝心選）畢勝ブロックチェー
小平ＡＩ江沢民以要商城劉熾平柳
ＰＤＤデジタル人民元、網易厳選百
為アリペイ美団５Ｇ字節跳動小米
上海尋夢信息技術網易ＡＢＣＤ５
宝心選）畢勝ブロックチェーン改革・開